I0189094

Lenguaje comprensible para la población inmigrante

Nieto García Paola
Cases Berbel Elke

Lenguaje comprensible para la población inmigrante: la adaptación de textos a la lectura fácil y al lenguaje claro

PETER LANG
Berlin - Bruxelles - Chennai - Lausanne - New York - Oxford

Library of Congress Cataloging-in-Publication Data
A CIP catalog record for this book has been applied for at the Library of Congress.

Información bibliográfica publicada por la Biblioteca Nacional Alemana
La Deutsche Nationalbibliothek incluye esta publicación en la colección Deutsche Nationalbibliografie; los datos bibliográficos detallados están en línea en http://dnb.d-nb.de.

Consejería de Ciencia, Universidades e Innovación de la Comunidad de Madrid y Fondo Social Europeo

ISBN 978-3-631-90032-1 (Print)
E-ISBN 978-3-631-90033-8 (E-PDF)
E-ISBN 978-3-631-90034-5 (EPUB)
DOI 10.3726/b20728

Published by Peter Lang GmbH, Berlin, Deutschland

info@peterlang.com - www.peterlang.com

Esta publicación ha sido revisada por pares.

Prólogo

La realidad en la que vivimos hace que tengamos presente a distintos colectivos con necesidades específicas. Estos son miembros de pleno derecho de nuestra sociedad y, sin embargo, presentan dificultades que, en muchas ocasiones, les impiden llevar a cabo una vida normal. Con frecuencia ven limitados sus derechos por el simple hecho de no comprender bien un texto o no pueden disfrutar de una lectura amena por la falta de adaptación de la literatura a sus necesidades. Bien es cierto que desde hace años se han realizado progresos en aras de favorecer el acceso de estas personas a todo tipo de textos, ya sean de carácter lúdico o relacionados con las administraciones públicas, y en este sentido celebramos la creación de una norma internacional, como la norma ISO 24495-1: 2023, que aborda principios y directrices del lenguaje claro en pos de una mejora de la comprensión y de la vida de las personas con dificultades para entender textos especializados. En la actualidad, el uso de internet como divulgador de información y las facilidades que aporta la tecnología permiten que mucha información llegue a sus destinatarios en forma de audio o con una ortotipografía adecuada a personas con necesidades lingüísticas específicas, ya sea por discapacidad o por desconocimiento del lenguaje. Estas plataformas permiten resaltar la información más importante y hacerla accesible, prescindiendo de cualquier elemento retórico que pueda confundir al usuario.

En este sentido la obra *Lenguaje comprensible para la población inmigrante: la adaptación de textos a la lectura fácil y al lenguaje claro* ofrece un panorama exhaustivo sobre la lectura fácil y el lenguaje claro, sustentado en información actualizada y acompañado de un análisis de las principales dificultades de los diferentes lenguajes, así como estrategias lingüísticas para poder superar estas barreras idiomáticas y de comprensión. Tienen delante, sin lugar a dudas, una obra de gran interés que aborda un nuevo segmento de mercado y que, por ende, debería tenerse en cuenta en los estudios de traducción, periodismo, derecho o cualquier ámbito de divulgación.

Dra. Salud M.ª Jarilla Bravo
Traductora e intérprete

Dr. David Lavilla Muñoz
Periodista y escritor

Agradecimientos

Al Dr. Antonio González Rodríguez, por sus excelentes aportaciones, siempre desinteresadas. Por su tiempo, su aliento, su confianza y, sobre todo, su amistad.

A Lorena,
porque este libro es tuyo.

Contenido

Parte I

0. Introducción

Así como la capacidad de comunicarnos de forma oral es intrínseca a nuestra naturaleza y se produjo hace aproximadamente 200.000 años con fórmulas muy sencillas, parecidas a las que usan los niños cuando comienzan a hablar , el comienzo de la lectoescritura se remonta a hace solo entre 5000 y 4000 años (Haarmann, 1990: 73, Robinson & Billen, 2013: 33, Morenz, 2014: 75). Esto deja patente que la capacidad de escribir, y por ende de leer, no es algo innato en el ser humano y que requiere de una serie de competencias básicas que se componen de :

1. La competencia lingüística: este concepto, introducido por , se refiere al conocimiento del sistema lingüístico, es decir, ser capaz de reconocer y comprender las diferentes estructuras del texto y su mensaje.
2. La competencia cognoscitiva: la capacidad de relacionar el texto con los procesos de gestión, construcción y utilización del conocimiento, que tiene un carácter autorregulador (Alonso-Jiménez, Salmerón-Pérez & Azcuy-Moranea, 2008).
3. La competencia comunicativa: este término, formulado por primera vez por Hymes (1995), define la capacidad de relacionar el texto leído con el contexto de este.

Si analizamos el manejo de estas competencias por parte de los inmigrantes, vemos que aquellos que tienen una lengua nativa diferente al español presentan carencias en las competencias lingüísticas, ya que no dominan las estructuras propias del español; en las cognoscitivas, ya que su cultura es diferente a la nuestra, por lo que habrá muchas vinculaciones culturales que no comprendan; y en las comunicativas, debido a que no tienen un conocimiento del contexto lo suficientemente amplio como para poder relacionar el texto. Queda patente pues que los inmigrantes comparten con los discapacitados intelectuales o con las personas con problemas cognitivos la necesidad de recibir ayuda para poder comprender diferentes textos o, lo que es lo mismo, necesitan accesibilidad comunicativa. De hecho, la Federación Internacional de Asociaciones de Bibliotecarios y Bibliotecas (IFLA) señala en su informe de lectura fácil (LF):

> *Proporcionar materiales de lectura fácil es una cuestión tanto de accesibilidad como de democracia. Los textos de lectura fácil, por tanto, están dirigidos tanto a personas con alguna discapacidad que tienen una necesidad permanente de este tipo de textos, como a lectores con competencia lingüística limitada, que pueden necesitar recurrir a los mismos de modo temporal o en relación a temáticas concretas y particulares* (IFLA, 2010).

Bajo accesibilidad comunicativa, un término que adquiere cada vez más importancia, se entiende la posibilidad de que cualquier receptor pueda entender el mensaje que se le quiere transmitir (ONCE, 2023). Existen dos fórmulas que hacen más fácil la comprensión de un texto y que, aunque con frecuencia se usan como sinónimos, conviene distinguir: la lectura fácil y el lenguaje claro. Aunque ambos están relacionados, tienen un público objetivo diferente. Así, el lenguaje claro está concebido para la ciudadanía en general, que en muchas ocasiones no comprende textos especializados o de dificultad media/alta o alta, como son los textos jurídicos, administrativos, sanitarios, técnicos, etc.

La lectura fácil, por otro lado, se ocupa de dar acceso a diferentes obras o documentos a grupos vulnerables. Para ello modifica no solo el texto, sino también la ordenación de las ideas, las ilustraciones, la maquetación, el diseño, etc. Así, la definición de la norma de calidad UNE 153101: 2018 EX de lectura fácil es la siguiente:

> *Método que recoge un conjunto de pautas y recomendaciones relativas a la redacción de textos, al diseño y maquetación de documentos y a la validación de la comprensibilidad de los mismo, destinado a hacer accesible la información a las personas con dificultades de comprensión lectora.*

Procura, de este modo, eliminar barreras para la comprensión, el aprendizaje y la participación. El público objetivo de esta segunda redacción son personas con discapacidad intelectual o del desarrollo, con trastornos mentales y del comportamiento, con dificultades del desarrollo del lenguaje, con bajo nivel de alfabetización o cultura limitada, personas inmigrantes que no hablan el idioma, etc. (ONCE, 2023).

En resumen, esta sirve para hacer accesible una lectura a personas que de otra forma no serían capaces de leerlo, para lo que García Muñoz (2012) ha recogido unas normas que hay que seguir, mientras que el lenguaje claro, también llamado lenguaje comprensible, llano o ciudadano, procura eliminar las barreras propias de comprensión del lenguaje de especialización, para que el público en general pueda comprender los textos. Además, los textos escritos en lectura fácil (LF) tienen que ir señalizados con el logo correspondiente (véase ilustración 1) o en la página principal llevará de forma visible escrito «lectura fácil», mientras que el lenguaje claro no llevará ningún distintivo para reconocer que ha sido adaptado a un lenguaje más comprensible.

Para hacer más obvia la división entre ambas lecturas, vemos que, según el Marco Común Europeo de Referencia para las Lenguas (MCER), la lectura fácil se engloba dentro del nivel A1 (MCER, 2001: 71): «Es capaz de comprender textos muy breves y sencillos, leyendo frase por frase, captando nombres, palabras y frases básicas y corrientes, y volviendo a leer cuando lo necesita», mientras que el lenguaje claro se encuentra entre el nivel A2: «Comprende textos breves y sencillos sobre asuntos cotidianos si contienen vocabulario muy frecuente y cotidiano, o relacionado con el trabajo», y el B1: «Lee textos sencillos sobre hechos concretos que tratan sobre temas relacionados con su especialidad con un nivel de comprensión satisfactorio». Es decir, y como defiende von Maas (2008), se pueden considerar dos registros de un mismo lenguaje.

Esta división, y confusión de términos, no ocurre solo en español, sino en varias lenguas. La tabla 1 muestra su traducción a diversos idiomas:

Tabla 1: Traducción de lectura fácil y lenguaje claro a distintos idiomas

español	LF - lectura fácil	lenguaje claro lenguaje llano lenguaje ciudadano lenguaje comprensible
alemán	leichte Sprache	einfache Sprache verständliche Sprache bürgernahe Sprache
catalán	LF – lectura fácil	llenguatge planer (LP)
euskera	irakurketa erraz	hizkera argia eta erraza
francés	FALC - langue facile à lire et à comprendre	langage clair

gallego	LF – lectura fácil	linguaxe clara
inglés	easy-to-read language easy read language	Plain Language
italiano	lettura ad alta leggibilità	linguaggio chiaro linguaggio facile da capire
portugués	linguagem simples	linguagem clara
sueco	Lättläst	Klarspråk

Otro término que se suele confundir con la lectura fácil es el lenguaje *people-first,* también denominado lenguaje «la persona primero». Esta forma de escribir aboga por el uso de un lenguaje respetuoso con las personas y por evitar términos que enfaticen limitaciones o discapacidades, que sean ofensivos o que impliquen estereotipos negativos, (por ejemplo, «persona sin discapacidad» en vez de «persona normal» o «persona sana», «persona de baja estatura» versus «enana/o», etc.) (CDC, 2016). Es decir, aunque sea necesario para humanizar a las personas con discapacidad, no es una herramienta para que comprendan mejor un texto.

1. La lectura fácil

Así, la ONCE en su página web *discapnet* (2023) recoge que las herramientas que hacen más fácil la transmisión de información a personas con discapacidad son (1) la audiodescripción (la descripción de películas o contenido de imágenes para personas ciegas), (2) la subtitulación (escribir en la parte inferior de la película o contenido de imágenes lo que están hablando, para personas sordas), (3) el lenguaje braille (un sistema por puntos para leer y escribir para personas ciegas), (4) la lengua de signos[1] (la lengua que usan las personas sordas para comunicarse), (5) la lectura fácil (textos adaptados a un lenguaje resumido y sencillo para personas con discapacidad intelectual o con problemas cognitivos) y (6) el sistema dactilológico a través de la palma de la mano (deletrear el mensaje apoyando cada letra en la palma de la mano para personas sordociegas).

Dentro de estos, la lectura fácil se forma a través de un conjunto de normas fijas que regula la gramática, la estructura de las frases, así como la forma de las imágenes o los dibujos presentes. Aunque en un principio se concibió como una ayuda a personas con discapacidad intelectual o problemas cognitivos, sin embargo, su desarrollo ha demostrado también ser un gran apoyo para personas con problemas de aprendizaje, para inmigrantes, personas mayores o personas que utilizan la lengua de signos (Lebenshilfe, 2023).

1.1. Cómo escribir en lectura fácil

Para estructurar la redacción de la lectura fácil (LF) el Ministerio de Sanidad, Servicios Sociales e Igualdad a través del Real Patronato sobre Discapacidad y con la colaboración de Creaccesible S.L. y la Confederación FEAPS[2] ha introducido en España el logo para reconocer qué textos están

1 Este lenguaje, además de adaptarse a los diferentes idiomas que existen, se divide en lengua de signos naturales, lengua de signos en campo visual, lengua de signos a corta distancia, lengua de signos apoyada en la muñeca y lengua de signos táctil o apoyada (ONCE, 2023).

2 La Federación Española de Asociaciones Pro Subnormales (FEAPS) es una red de organizaciones sin ánimo de lucro renombrada en el año 2015 a Plena Inclusión,

escritos en lectura fácil, y, además, ha editado en 2012 un libro de Oscar García Muñoz en el que se recogen pautas para la redacción y la evaluación de dichos textos. Para la redacción de este libro, García Muñoz se apoyó en el manual *Directrices para materiales en lectura fácil* de la IFLA[3], y en *El camino más fácil*, de la Asociación Europea ISLMH[4]. A nivel internacional, consultó el manual *How to make information accesible*, de la organización CHANGE, *Making written information easier to understand for people with leaning disabilities*, del Departamento de Salud del Gobierno británico y *Make it clear*, de la organización británica para personas con dificultades de aprendizaje Mencap.

García Muñoz subraya que esta obra no es dogmática en su aplicación y que el autor o traductor deberá siempre tener en cuenta las particularidades de cada texto y actuar en consecuencia (*ibidem*: 65-66).

Para la correcta redacción de un texto en lectura fácil propone tres puntos clave que se deben tener presente: (1) redacción, (2) diseño y maquetación y (3) producción.

1.1.1. Redacción

Dentro de la redacción, resalta como puntos a tener en cuenta la ortografía, la gramática, el léxico y el estilo.

---

que defiende los intereses de las personas con discapacidad intelectual o del desarrollo. Está formada por 17 federaciones autonómicas, Ceuta y Melilla y más de 891 entidades asociadas, atiende a más de 106.000 personas con discapacidad intelectual o del desarrollo y da apoyo a más de 235.000 familias con 24.000 profesionales y más de 8.000 voluntarios (Ministerio de Educación, Cultura y Deporte, 2012).

3 La Federación Internacional de Asociaciones de Bibliotecarios y Bibliotecas (IFLA, por sus siglas en inglés), es una ONG internacional de bibliotecarios de todo el mundo, ideada como foro para intercambiar ideas, promover la cooperación, la investigación y el desarrollo internacional que se fundó en Edimburgo en el año 1927 y que está asociada con las principales organizaciones internacionales (IFLA, 2023).

4 La ISLMH, renombrada como Inclusion Europe es una asociación europea de personas con discapacidad intelectual que se fundó en 1988 y que lucha por la plena inclusión de las personas con discapacidad intelectual y de desarrollo en nuestra sociedad y asesora a la Comisión Europea. Tiene 78 miembros en 39 países europeos (Inclusion Europe, 2023).

La corrección ortográfica no está reñida con la lectura fácil. Así, García Muñoz defiende que la dificultad radica más en la ortotipografía, como son las mayúsculas (que se deben aplicar según las normas generales), la puntuación y los números y las fechas.

Como en cualquier texto, la puntuación servirá para ayudar a ordenar las ideas que se quieran expresar. Sin embargo, desaconseja el uso de punto y seguido en favor del punto y aparte. De este modo, se podrán separar las ideas, lo que hace la llegada de información más fácil. Igualmente, se debe evitar el uso de puntos suspensivos, así como de comas, que se sustituirán por puntos, a no ser que haya una enumeración. Sin embargo, el uso de los dos puntos sí es aconsejable para dejar claro quién habla y para completar las ideas (*ibidem*: 67).

Recomienda el uso de tildes, signos de interrogación y exclamación para dar énfasis y evitar corchetes o símbolos de poco uso, como el porcentaje, asteriscos, estrellas, etc. El empleo del guion o la raya se guarda exclusivamente para iniciar los diálogos.

En el uso de números, se favorece su escritura en cifras y, en caso de que sea una cifra alta, se podrá redondear el número para evitar confusión (por ejemplo, 80.000 en vez de 79.564) o utilizar determinantes incontables, como *muchos*, *pocos*, *algunos*, etc. Además, los números de teléfono se deberán escribir de la forma habitual, para no inducir a error se evitará el sistema de numeración romana y las fechas se escribirán de forma completa, sin excluir el nombre del día (García Muñoz, 2012: 68).

También en este punto defiende que es necesario mantener el uso de las reglas gramaticales de acuerdo con las normas generales del español. Sin embargo, aconseja evitar estructuras complejas, formas compuestas y voz pasiva, las perífrasis, menos aquellas que van con los verbos deber (de obligación, evitar el de probabilidad), querer, saber y poder, así como los siguientes tiempos verbales: futuro, subjuntivo y condicional. El empleo del imperativo no está desaconsejado, siempre que se utilice en contextos claros.

La organización Plena Inclusión, por su parte, también ve inoportuno el uso de abreviaturas o siglas, ya que inducen a error. Es mejor escribir la palabra o el término completo y repetirlo cada vez que aparezca (Plena Inclusión, 2021: 23).

En relación a las partes de la oración, no se debe omitir el sujeto para no inducir a error al lector. El mensaje será más comprensible si se repite continuamente el sujeto que si se omite o se sustituye por un pronombre. Dentro de la oración, es mejor evitar los incisos, que rompen el hilo narrativo del texto, aunque sí se pueden usar anáforas y catáforas, siempre que la referencia contextual a las que se refieren le siga en breve (García Muñoz: 69).

Las oraciones se deben mantener simples y cortas, con una estructura muy sencilla y el orden lógico de la lengua española: sujeto + verbo + complementos. En ocasiones, y para marcar algún elemento, puede sufrir cambios, aunque siempre respetando la simplicidad de las oraciones. Las oraciones complejas se deben evitar, a no ser que sean necesarias para una mejor comprensión del texto. Por otro lado, las copulativas y las adversativas, siempre que no tengan muchos complementos, se pueden mantener, así como las subordinadas para verbos de pensamiento, lengua, opinión y cuando se introducen en oraciones de infinitivo. Se desaconsejan las oraciones impersonales y pasivas reflejas (salvo que sean parte de una unidad fraseológica común), las subordinadas de infinitivo y el gerundio. Otro consejo es favorecer las oraciones afirmativas y no usar las formas y los giros negativos, así como las dobles negaciones, siempre que se puedan evitar. Se propone el uso de oraciones interrogativas y exclamativas, ya que estas son muy fáciles de reconocer y, además, marcan la entonación deseada. Finalmente, sugiere el uso del estilo directo, en vez del indirecto (García Muñoz, 2012: 70).

Para evitar un léxico complejo, conviene utilizar palabras sencillas expresadas de forma simple. Cuanto menor sea el número de sílabas, más comprensible será el término. Además, se deberán incluir vocablos que se usen con frecuencia en la lengua española oral. Igualmente, se evitarán las palabras muy largas o con una pronunciación complicada, así como las palabras genéricas, carentes de un significado real. Se presentarán palabras con un significado preciso y se repetirán estas para que el lector no tenga problemas a la hora de reconocer el mensaje. El uso de sinónimos o de variaciones podría confundir al lector, por lo que es preferible la unificación de los diferentes nombres. Si es necesario utilizar una palabra compleja o menos común, se podrá dar una explicación dentro del texto, así como un apoyo en imágenes junto con la explicación. Para esto, se destacarán en negrita la primera vez que aparezcan y se añadirá dicha explicación en un glosario final o al margen (*ibidem*: 71).

Además, se evitarán abreviaturas, acrónimos y siglas y adverbios que terminen en *-mente*, a no ser que sean muy habituales o necesarios, explicando el significado, como se ha mencionado en el párrafo anterior. Se favorecerá la verbalización en vez de la nominalización y se pueden utilizar pronombres enclíticos, ya que también se usan en la lengua oral. También se usarán las preposiciones y conjunciones más habituales y actuales, puesto que actúan como enlace con los sintagmas y son conectores que facilitan la comprensión. Por otro lado, las onomatopeyas y las interjecciones ayudan a entender con más claridad el texto (García Muñoz, 2012: 71).

De igual manera, se evitarán las palabras polisémicas, los porcentajes, los tecnicismos, jergas y xenismos, y, en caso de tener que utilizarlos por demanda del texto, se explicarán en un glosario o al margen. También se prescindirá del uso del lenguaje figurado, las metáforas, los proverbios o palabras que expresen juicios de valor. En caso de términos abstractos es mejor no emplearlos y, en caso de no poder renunciar a su uso, se introducirá solo uno por oración y se deberán apoyar en ilustraciones y construcciones semánticas sencillas. García Muñoz (2012: 72) sí recomienda el uso de fórmulas de cortesía.

Respecto al estilo, se invita a escribir un texto motivador, de forma concreta, simple y directa, y con un estilo parecido al lenguaje oral, aunque sin caer en el simplismo. Se deberá elegir un número de pautas, ideas y mensajes reducido, con una o dos ideas por oración. Además, si la información no se puede acortar, se optará por separarla en varias oraciones simples, acompañadas por guías, como encabezamientos y pies, para que su lectura sea más fácil y el lector no pierda información por seguir las páginas. También resalta que es importante utilizar el lenguaje acorde a la edad del lector y no caer en el infantilismo. Centrarse en la información importante que se quiere transmitir no está reñido con un estilo respetuoso, directo y personal (*ibidem*: 71).

Asimismo, conviene incluir en el texto únicamente lo básico, sin presentar contenido, ideas, términos y oraciones innecesarios. El texto no debe contener expresiones que lleven a confusión, información detallada de antecedentes, ideas opuestas, datos y estadísticas, explicaciones detalladas, discusiones y debates, variaciones sutiles sobre el mismo tema, referencias y remisiones y tampoco se debe dar ninguna información por conocida (García Muñoz, 2012: 73).

1.1.2. Diseño y maquetación

Dentro de la lectura fácil, las imágenes son esenciales como apoyo al texto. Se debe crear un vínculo claro entre la imagen, que será fácil de entender y reconocer, precisa y sencilla, con pocos detalles, familiar y que capte la atención, y la palabra con la que se quiere relacionar. García Muñoz (2012) defiende que «la imagen debe ser útil, no bonita». Igualmente es fundamental mantener la coherencia y repetir el dibujo para la misma idea. Así se reforzará el mensaje y no llevará a error al lector. También se puede hacer uso de símbolos o dibujos más creativos con temas abstractos, que funcionan bien, siempre que sean acordes al texto. Los símbolos elegidos deben ser unívocos e identificarse con claridad. Los colores se podrán utilizar (rojo para prohibido, negro para algo que está mal, etc.), pero siempre acompañando a imágenes, ya que puede haber lectores que no diferencien estos. Introducir fotografías que muestren a personas es muy útil, así como aquellas que representen población diversa. Si las imágenes presentan partes del cuerpo, estas deben quedar siempre muy limitadas al contexto en el que se encuentran. Se prefiere el uso de ilustraciones de lugares fáciles de reconocer frente a un mapa. Estas irán acompañadas por una explicación sobre cómo encontrar dicho sitio. Además, el dibujo o la fotografía serán especialmente útiles en acciones, procesos, instrucciones, listados, lugares o con personas específicos.

Es preferible no hacer uso de dibujos con símbolos negativos y recoger comportamientos positivos, en vez de aquellos que se deben evitar. Por otro lado, los cómics pueden ser confusos o infantiles. A la hora de representar horas, no existe una pauta concreta, aunque con frecuencia se representa con relojes en formato de 12 horas (*ibidem*: 74).

Las imágenes que se usan deben ser grandes, con una resolución muy alta, donde se pueda ver claramente el contenido, que debe tener pocos detalles y trazos sencillos, y con colores que no induzcan a error. Se debe prescindir del uso de diagramas, gráficos y tablas técnicas, ya que pueden confundir al lector, así como favorecer la letra negra sobre fondo blanco a letra blanca sobre fondo de color. No obstante, si se opta por este uso, debe haber un gran contraste entre letra y fondo. Además, los números deben estar escritos muy claros, ya que entrañan una mayor dificultad.

Por otro lado, el interlineado debe adaptarse al tamaño de la letra, aunque tampoco es conveniente uno demasiado amplio, ya que la separación excesiva puede complicar la lectura. García Muñoz (2012) recomienda que este sea 1,3 a 1,5 veces mayor que el espacio medio entre palabras o un 30 % del tamaño de la letra. Se recomienda utilizar como mínimo un tamaño 14 (Plena Inclusión-EX, 2018). Además, Plena Inclusión aconseja una fuente clara, como Arial o Tahoma y evitar fuentes con serif, entre las que se encuentran Century o Times New Roman, o mezclar diferentes tipos de fuentes (Plena Inclusión, 2021: 13-14). Asimismo, la letra no debe tener un color demasiado claro, para que se pueda imprimir correctamente, ni estar en cursiva, ya que dificulta su lectura. Escribir el texto completo en mayúsculas no es aconsejable, debido a que las minúsculas son más fáciles de leer (*ibidem*: 14).

Es muy importante que cada oración ocupe una sola línea, como máximo dos. Una oración compuesta se deberá acortar hasta formar varias simples, que se separarán por puntos y apartes. Sin embargo, se respetarán las pausas naturales de un discurso, para que la lectura resulte lo más familiar posible. Además, las líneas tendrán como máximo 60 caracteres con un mínimo de 5 y un máximo de 15 a 20 palabras, es decir, que la frase tenga una extensión normal. Es aconsejable que todas las frases tengan una longitud similar (García Muñoz, 2012: 76).

Los párrafos son esenciales para que el texto se vea más organizado e irán alineados a la izquierda y organizados en bloques, con capítulos cortos. Así se introducen pausas más frecuentes. El ritmo debe ser regular, lo que se consigue con párrafos. Por otro lado, no se deben incluir los artículos, pronombres, conjunciones y preposiciones al final del texto, ni separar las palabras con guiones o una frase en dos páginas diferentes (*ibidem*: 77).

Para que la lectura sea más fácil, García Muñoz aconseja que la página muestre un texto ordenado, aunque poco denso, con pocas líneas por página y sin incluir mucha información en cada una de ellas. Cada idea nueva se introducirá en una nueva página y, si esto no fuera posible, se pueden usar guías textuales para indicar que la idea sigue en la siguiente página, como por ejemplo «sigue en la página siguiente». Además, se utilizarán márgenes amplios, se dejará espacio en blanco entre los párrafos y se evitará presentar la información en columnas. En el caso de que su uso sea necesario, la separación se deberá ver de forma clara e inequívoca (*ibidem*).

En caso de listados, útiles para destacar cosas importantes, en vez de utilizar párrafos para explicar el desarrollo de una idea, es mejor usar viñetas que expliquen cada paso, aunque sin abusar. Si el uso de listados es necesario, se deberá introducir una mayúscula al inicio, en caso de que estos sean largos. Por otro lado, se favorecerán las viñetas a las numeraciones. Aun así, si se usan números, estos serán de un tamaño grande y no se utilizarán números de índice (1.1, 1.1.1, etc.). En caso de que cada variable tenga una o dos palabras, se escribirá en minúscula y se pondrá el punto final al terminar el listado (García Muñoz, 2012: 77).

Un índice al principio del texto es muy útil para facilitar la comprensión de lo que se va a leer. Este incluirá las páginas de cada capítulo con puntos (o algo similar) desde el título hasta el número. Las páginas se numerarán de forma correlativa, siempre con la misma letra, en el mismo lugar (mejor en la esquina superior izquierda) y con el mismo tamaño, que será mayor que el resto del texto. Además, los títulos y encabezamientos son muy útiles para ver claramente los contenidos del texto y saber qué se va a leer. Irán siempre situados en el mismo lugar para hacer la lectura más comprensible, y los títulos explicarán de forma clara los contenidos de cada sección (mejor con una frase corta a solo una o dos palabras). Se puede utilizar otro color para distinguirlos, pero siempre con colores que tengan mucho contraste con el blanco (*ibidem*).

1.1.3. Producción

En caso de que el texto sea impreso, el papel deberá ser de buena calidad, con un grosor mínimo de 90 g/m^2, para evitar que se transparente o que las hojas se doblen, y mate, ya que el brillo dificulta la lectura. Se aconsejan hojas en blanco, aunque a los disléxicos les ayuda más el color amarillo, y con un gran contraste respecto a las palabras. Del mismo modo, se debe evitar fondo negro sobre letra blanca. Una buena opción sería disponer de una obra impresa en diferentes colores, adaptados a la discapacidad visual del lector. Además, se deben evitar las hojas sueltas, por lo que la presentación de la obra podrá ser en libro o panfleto grapado. La portada mostrará el título con una letra muy clara y con la misma estructura que el resto del texto para que se pueda asociar de forma fácil. Es mejor que aparezca debajo de la imagen (si la hay). Si se trata de volúmenes, todas las portadas tendrán formas parecidas, aunque se diferenciarán claramente a través de un color, un formato o un tamaño diferente (García Muñoz, 2012: 79).

El tamaño será como mínimo en Din-A5, ya que esto facilita la sujeción del libro, y no superará las 20 páginas. En caso de que sea más largo, se indicará al principio que el lector no debe leerlo entero de una vez y que puede pedir ayuda de lectura. En este punto se puede dar una dirección o un teléfono de contacto para ofrecer ayuda al lector. Se deberá incluir mucho margen en las hojas, para evitar que los pliegues dificulten la lectura, deberá llevar el logo de lectura fácil y ofrecer formatos alternativos, como el audiolibro, videos o braille (*ibidem*: 79).

1.1.4. Peculiaridades de los textos literarios

Debido a su complejidad y sus particularidades, García Muñoz (2012) se centra en explicar el caso de los textos literarios, donde es importante organizar la acción teniendo en cuenta las discapacidades del lector. Para ello, se debe redactar cada capítulo o acción en una sola página, con un elemento de suspense al final de este. Así el texto tendrá uniformidad y ritmo. Esta fragmentación permite a los lectores seguir el hilo de la historia. En caso de necesitar más de una página, primará la coherencia y se mantendrá el número de páginas durante toda la obra. Además, la introducción no debe ser larga y debe incluir el lugar, el tiempo, las características históricas y los personajes de la obra. Los diálogos son importantes y deben estar separados de la narración con líneas en blanco. También se aconseja el uso de recursos estilísticos que ayuden a que el lector no se pierda y mantenga la atención (García Muñoz, 2012: 80).

Respecto a los personajes, es necesario presentar solo los más importantes de forma definida y con características muy simplificadas, y los personajes secundarios se pueden introducir de una forma muy genérica para quitarles protagonismo, como «un hombre, una niña, un camarero, etc.». Además, al principio de la obra, es conveniente subrayar los nombres propios varias veces, para que el lector se acostumbre a ellos y los reconozca y repetirlos muchas veces (*ibidem*).

Por otro lado, la acción se desarrollará de una manera directa, simple y con una continuidad lógica. Para ello, se describirán de una forma muy clara y concreta las relaciones complicadas y se eliminarán las tramas secundarias que no contribuyan a entender la obra o a mantener el interés del lector (García Muñoz, 2012: 80).

Es necesario no saltarse ningún paso de cada acción, que se debe explicar de forma ordenada, consecutiva y cronológica, con marcadores temporales y espaciales y sin dar nada por supuesto. Además, repetir alguna trama complicada cuando se vuelva a hacer referencia a ella es otra herramienta para facilitar la comprensión del texto. Por otro lado, no es conveniente detallar descripciones que no sean importantes para la trama central (*ibidem*: 81).

En caso de diálogos, hay que introducir el nombre de la persona que habla dentro de la narración para evitar subordinadas. Además, tanto diálogos, como monólogos o pensamientos del protagonista se introducirán como en las obras teatrales, con los nombres de los personajes delante y en mayúsculas y con los textos sangrados, para diferenciarlos de la narración. Esta es una buena forma de darle claridad y dinamismo al texto y de que el lector sepa en todo momento de quién se trata (García Muñoz, 2012: 81).

1.1.5. Lectura fácil en la información electrónica

Aunque los textos informáticos deben seguir las normas particulares de la lectura fácil (*c.f.* 1.1, 1.2 y 1.3), la asociación internacional Iniciativa de Accesibilidad Web ha recogido diferentes recomendaciones para adaptar páginas web a este registro.

Es conveniente que exista un lector de pantalla que lea en voz alta el texto, que podrá apoyarse en videos cortos y claros. Además, si se escribe en lectura fácil, es importante etiquetar la metaetiqueta con el término «lectura fácil» (Plena Inclusión, 2021: 25). Se evitará el uso de ventanas emergentes o *pop ups*, ya que pueden resultar confusas para personas con discapacidad o problemas de comprensión. Plena Inclusión advierte de que el uso de muchos dibujos puede ralentizar el arranque de la página web, por lo que no se debe abusar de estos. Por otro lado, un buscador situado en un lugar visible dentro de la página hará las búsquedas más fáciles (*ibidem*: 26).

La página de inicio indicará claramente de qué trata la página web, así como los datos de contacto (número de teléfono, correo electrónico y correo ordinario, si lo hubiere), por si el lector necesita más datos o información, así como el logo de lectura fácil. Además, la barra de navegación debe estar muy visible, con botones grandes, colores contrastados y palabras clave precisas y no más de siete u ocho títulos. (Plena Inclusión, 2021: 27-29).

Las pantallas no deben incluir demasiada información y, en caso de que el lector necesite desplazarse hacia abajo, es recomendable introducir un índice del texto al principio, así como un botón para volver al finalizar cada sección (por ejemplo, «volver al inicio»). Se debe evitar que el lector tenga que mover el cursor de izquierda a derecha para leer el texto, así como animaciones en la pantalla.

Las únicas palabras subrayadas deben ser los enlaces, para no confundir al lector, y se debe evitar el uso de enlaces difíciles de leer, favoreciendo un hipervínculo con una palabra sencilla y clara, no con ilustraciones o imágenes. Además se debe respetar el código de colores habitual en las páginas web, es decir, azul si aún no se ha pinchado y morado si ya se ha visitado la página (Plena Inclusión, 2021: 30).

Los CD y DVD en lectura fácil deben llevar la inscripción de «lectura fácil» en su funda y, en caso de que se necesitara un programa especial para su lectura, se deberá plasmar igualmente en la funda. Además, al introducirlo, el CD se debe iniciar automáticamente con la información «cómo usar este CD».

1.1.6. Los niveles de la lectura fácil

Para poder ajustar la LF a las necesidades de cada lector hay que tener en cuenta los siguientes principios recogidos por Aldo Ocampo González en colaboración con la Asociación Española de Comprensión Lectora, el Centro de Estudios Latinoamericanos de Educación Inclusiva CELEI – Chile y el Núcleo de Investigación de Fácil Lectura y Educación Inclusiva (Ocampo González, 2015: 206-207):

- La competencia comunicativa que tiene el lector al que va dirigido el texto
- La capacidad lectora y el perfil lingüístico del lector
- La motivación del lector, es decir su comportamiento a la hora de leer
- La macro y microestructura del texto
- La naturaleza del lenguaje, teniendo en cuenta su tipología textual

Así, la Associació Lectura Fácil de Cataluña (Salvador Mencerré, 2009) establece tres niveles de adaptación de los textos a la LF, según su complejidad, que son:

- Nivel I: el nivel más sencillo, con abundancia de ilustraciones y muy poco texto, con una complejidad sintáctica y lingüística baja;
- Nivel II: el nivel es algo más complejo, con vocabulario y expresiones de la vida cotidiana, acciones fáciles de seguir e ilustraciones; y
- Nivel III: el nivel más difícil, con textos más largos, algunas palabras poco habituales y con saltos espacio-temporales. Además, recurrirá poco a las ilustraciones.

1.2. Historia de la lectura fácil

La lectura fácil vio la luz en 1968 con la creación del Centro de Lectura Fácil, fundado por la Agencia Sueca de Educación, que ese mismo año publicó el método de lectura fácil (*Lättläst* en sueco) con indicaciones muy similares a las de García Muñoz. Esta agencia surgió debido al gran número de inmigrantes que recibió dicho país durante esa época. Tras esta agencia, asociaciones de discapacitados de EE. UU., Canadá e Inglaterra se unieron para formar la asociación People First y fomentar la lectura fácil (Büro für Leichte Sprache, 2023). Sin embargo, no fue hasta los años ochenta cuando el Centro de Lectura Fácil de Suecia impulsó la publicación de un periódico en lectura fácil titulado *8 sidor* (8 páginas) (Inklusiv, 2023). Además, tras este hito, se publican regularmente varios libros en sueco en este registro.

Esta forma de escritura más comprensible para personas con problemas de comprensión se fue extendiendo por toda Europa, hasta que en 1997 la Federación Internacional de Asociaciones de Bibliotecarios y Bibliotecas (IFLA) publicó en inglés *Guidelines for easy-to-read materials*, directrices para la redacción de una lectura fácil, que fueron revisadas y reeditadas en 2010 por Misako Nomura, Gyda Skat Nielsen y Bror Tronbacke y traducidas al español por Creaccesible en 2012 bajo el título *Directrices para materiales de lectura fácil*. Tras la publicación de la IFLA y la petición a las Naciones Unidas de proteger los derechos de las personas con discapacidad, la ONU celebró en el año 2006 la *Convención sobre los derechos de las personas con discapacidad*, el primer Tratado Internacional de Derechos Humanos del siglo XXI, que fue aprobado por consenso en la Asamblea General de la Naciones Unidas a través de la resolución 61/106, del 13 de diciembre de 2006 (ONU, 2006) y firmado y ratificado por más de 80 países. Dicho Tratado recoge en su artículo 9.2 sobre la accesibilidad:

> *Estas medidas (que las personas con discapacidad puedan vivir en forma independiente y participar plenamente en todos los aspectos de la vida) que incluirán la identificación y eliminación de obstáculos y barreras de acceso se aplicarán, entre otras cosas, a:*
>
> *(d) Dotar a los edificios y otras instalaciones abiertas al público de señalización en Braille y en formatos de fácil lectura y comprensión.*
>
> *(f) Promover otras formas adecuadas de asistencia y apoyo a las personas con discapacidad para asegurar su acceso a la información.*
>
> *(g) Promover el acceso de las personas con discapacidad a los nuevos sistemas y tecnologías de la información y las comunicaciones, incluida Internet.*

Además, el art. 21 de esa misma Convención, que trata sobre la libertad de expresión y de opinión y acceso a la información, recoge lo siguiente (ONU, 2006):

> *Los Estados Partes adoptarán todas las medidas pertinentes para que las personas con discapacidad puedan ejercer el derecho a la libertad de expresión y opinión, incluida la libertad de recabar, recibir y facilitar información e ideas en igualdad de condiciones con los demás y mediante cualquier forma de comunicación que elijan con arreglo a la definición del artículo 2 de la presente convención, entre ellas:*
>
> *(a) Facilitar a las personas con discapacidad información dirigida al público en general, de manera oportuna y sin costo adicional, en formatos accesibles y con las tecnologías adecuadas a los diferentes tipos de discapacidad;*
>
> *(b) Aceptar y facilitar la utilización de la lengua de señas, el Braille, los modos, medios, y formatos aumentativos y alternativos de comunicación y todos los*

demás modos, medios y formatos de comunicación accesibles que elijan las personas con discapacidad en sus relaciones oficiales;

(c) Alentar a las entidades privadas que presten servicios al público en general, incluso mediante Internet, a que proporcionen información y servicios en formatos que las personas con discapacidad puedan utilizar y a los que tengan acceso;

(d) Alentar a los medios de comunicación, incluidos los que suministran información a través de Internet, a que hagan que sus servicios sean accesibles para las personas con discapacidad;

(e) Reconocer y promover la utilización de lenguas de señas.

Para adoptar estas medidas y hacer accesible la información a personas con discapacidad, el desarrollo de la lectura fácil es indispensable, ya que, sin esta, las personas con discapacidad intelectual o cognitiva no son capaces de comprender muchos tipos de texto.

En 2016 la asociación internacional Inclusion Europe creó un logo para que todas las personas discapacitadas pudieran reconocer fácilmente los textos que estaban escritos en LF. Este logo (véase ilustración 1), se compone de una figura blanca que está leyendo con una sonrisa sobre un fondo azul oscuro. En el documento que lee se puede ver el símbolo de Ok, enseñando un pulgar. La figura se ha hecho de tal manera que pueda representar a cualquier género y edad. Aunque su uso es gratuito, el documento que lo contenga debe haber validado el texto con al menos una persona con dificultad de comprensión y seguir todas las recomendaciones de LF. Además, se recomienda incluir en el texto la siguiente información (Plena Inclusión, 2023):

© Logo europeo de la lectura fácil.
Más información en www.easy-to-read.eu.

Ilustración 1: Logo de Inclusion Europe para el reconocimiento de textos en LF (2016)

En 2019, como resultado de la Convención de la ONU sobre los Derechos de las Personas con Discapacidad, el Parlamento Europeo y el Consejo de la UE aprobaron[5] una directiva llamada *Acta Europea de Accesibilidad* (Directiva 2019/882), en virtud de la cual los productos[6] y servicios[7] cotidianos deben estar adaptados y ser accesibles a personas con discapacidad o problemas cognitivos, con el objetivo facilitar la vida de los al menos 87

5 Esta directiva se aprobó de acuerdo con el Tratado de Funcionamiento de la Unión Europea, en particular el art. 114, la propuesta de la Comisión Europea, el dictamen del Comité Económico y Social Europeo y de acuerdo con el procedimiento legislativo ordinario, previa transmisión del proyecto de acto legislativo a los Parlamentos nacionales (Eur-Lex, 2019).

6 Bajo productos cotidianos la normativa recoge: ordenadores y sistemas operativos, *smartphones* y otros dispositivos de comunicación, equipos de televisión conectados a la red, cajeros automáticos y terminales de pago, lectores electrónicos, máquinas expendedoras de billetes de facturación.

7 Bajo servicios cotidianos la normativa recoge: servicios telefónicos, servicios bancarios, comercio electrónico, sitios web, servicios móviles, billetes electrónicos y todas las fuentes de información de los servicios de transporte aéreo, por autobús, ferroviario y fluvial, libros electrónicos, acceso a los servicios de medios audiovisuales (AVMS), llamadas al número europeo de emergencias 112.

millones de discapacitados y de millones de personas con problemas de comunicación dentro de la UE (Eur-Lex, 2019). Esta directriz tiene que reflejarse en las leyes nacionales desde junio de 2022.

Por otro lado, en marzo de 2021, la Comisión Europea puso en marcha la *Estrategia sobre los derechos de las personas con discapacidad 2021-2023* con el fin de mejorar la vida de estas personas. Una de sus prioridades es la accesibilidad, para lo que la lectura fácil es esencial. Por eso están potenciando la adaptación de folletos relacionados con información biosanitaria, con información política, etc. a la LF (Comisión Europea, 2021).

1.2.1. Movimiento de la lectura fácil en el marco internacional

Este movimiento tiene una acogida mucho más fuerte en los países nórdicos. Como ya hemos mencionado anteriormente, este registro surgió en 1968 en Suecia con la iniciativa llamada *Lättlast* (lectura fácil) con la publicación del primer libro adaptado a este lenguaje, una versión del libro *Verano con Monika*, de Per Ander Fogelström (ODS Extremadura, 2017). Durante la década de los setenta el Ministerio Educación Sueco creó el grupo de LF para que prestara su apoyo a editores con la lectura fácil. Además, en 1984 lanzó el primer periódico titulado *8 sidor* (8 páginas) y en 1987 se fundó, con la aprobación unánime del parlamento sueco el *Centro de Lectura Fácil*. Este centro, dependiente en la actualidad del Ministerio de Cultura, además de organizar cursos para enseñar y dar apoyo en esta escritura, es el encargado de dar el visto bueno a todos los textos públicos y privados escritos en LF. En 2013, con el nacimiento de la Agencia Sueca de Medios de Comunicación Accesibles (MTM), se disolvió este centro y todas sus actividades se transfirieron a dicha agencia (Badenius, 2015: 6-7). Hoy en día tienen hasta una página web con actividades didácticas, programas y dibujos animados en LF (UR, 2023).

Aunque hubo algunos intentos de instaurar la LF en Alemania, no tuvo repercusión hasta 2006, con la creación de la asociación *Netzwerk Leichte Sprache* (Red de lectura fácil) (Netzwerk Leichte Sprache, 2022), que publicó la forma en que se debe adaptar el lenguaje común a la LF. Algunas de las recomendaciones específicas para la lengua alemana son (Netzwerk Leichte Sprache, 2022a):

– Evitar las oraciones en voz pasiva

- Seguir el orden lógico de frases alemanas (Sujeto+ predicado+objeto)
- No incluir subjuntivo (Konjunktiv)
- Sustituir el genitivo por von + dativo
- Mantener el hablar de tú (Duzen) o de usted (Siezen)
- Utilización de guiones entre los términos de las palabras compuestas para facilitar su comprensión

En el año 2013 esta asociación comenzó a tejer una red a la que pertenecen diferentes asociaciones y entidades públicas y privadas, como Selbshilfgruppe Mensch Zuerst (Grupo de autoayuda la persona primero), Bundesvereinigung Lebenshilfe (Asociación federal de ayuda para una vida plena), traductores, científicos, políticos de 7 países europeos: Alemania, Austria, Italia, Suiza, Luxemburgo, Holanda y Francia (Netzwerk Leichte Sprache, 2022a).

Además, la Asociación Federal para la Alfabetización ha publicado recomendaciones específicas para el uso de la LF en los cursos de alfabetización (Nickel, 2002:16).

Por otro lado, en 2002 el Gobierno Federal Alemán aprobó la ley *Gesetz zur Gleichstellung von Menschen mit Behinderungen* (Ley para la igualdad de personas con discapacidad), también llamada *Behindertengleichstellungsgesetz-BGG*, cuya última modificación tuvo lugar en el año 2022. El artículo 11 está dedicado a la accesibilidad y la lectura fácil y en su punto 1 legisla (BGG, 2022):

(1) Las administraciones públicas se comunicarán con las personas con discapacidad intelectual y problemas cognitivos en un lenguaje fácil y comprensible. A petición de dichas personas, deberán explicar todos los anuncios, las órdenes generales, los contratos de derecho público y los formularios de forma sencilla y comprensible.
(2) Si la explicación conforme al apartado 1 no es suficiente, las autoridades públicas explicarán, previa solicitud, los anuncios, las órdenes generales, los contratos de derecho público y los formularios en lectura fácil a las personas con discapacidad intelectual y con problemas cognitivos.
(3) Los costes de las explicaciones en la medida necesaria de conformidad con el apartado 1 o 2 correrán a cargo de la institución competente.

El alcance necesario se determinará en función de las necesidades individuales de las personas con derecho a ello.

(4) Las autoridades públicas facilitarán cada vez más información en lectura fácil. El Gobierno Federal trabajará para garantizar que las autoridades públicas hagan un mayor uso de la lectura fácil y que se desarrollen y amplíen sus competencias para redactar textos en lenguaje sencillo.

En 2016 se creó la Bundesfachstelle Barrierefreiheit (Oficina Federal de Accesibilidad), que se encarga del asesoramiento en materia de accesibilidad a entidades privadas y públicas. Ese mismo año, en colaboración con el diccionario alemán Bredel y Maaß (2016) publicaron tres tomos con el título *Leichte Sprache* (Lectura fácil), que cuenta con un libro para la aplicación práctica y un libro de ejercicios para traductores.

La primera incursión en la lectura fácil en Inglaterra tuvo lugar de la mano de Charles Kay Ogden (1930: 9) en 1925, cuando este psicólogo decidió crear un lenguaje sencillo con un vocabulario muy limitado para aquellos inmigrantes que aprendían inglés, y que denominó *Basic English: A General Introduction with Rules and Grammar*. Su lenguaje consistía en 850 palabras «esenciales», con las que se podía mantener una conversación del día a día y un uso de oraciones muy sencillas. Este lenguaje, que Richards denominó «lenguaje dentro del lenguaje» (1968: 242) es más sencillo de aprender y comprender y también sirve para el autoaprendizaje.

Además, en 1998 la organización Computability Centre, creada por IBM Warwick en 1987 y la fundación Communication for the Disables de 1985, fundaron la red AbilyNet (2023) para dar asesoramiento y evaluaciones tecnológicas gratuitas a personas con discapacidad. Esta ONG, que desde 1998 es independiente, tiene más de 12 centros de ayuda en el Reino Unido y se ocupa de hacer accesible las páginas gubernamentales y de las empresas más importantes del Reino Unido, con adaptaciones a la lectura fácil (AbilityNet, 2023a).

En 2001 el Gobierno británico publicó un libro blanco bajo el título *Valuing People: A New Strategy for Learning Disability for the 21st Century* (Valorando a las personas: una nueva estrategia para las dificultades de aprendizaje en el siglo XXI) y en 2010, siguiendo las recomendaciones de la *Convención sobre los derechos de las personas con discapacidad*, el

Gobierno británico aprobó la Ley para la Igualdad, que tiene como finalidad proteger a las personas con discapacidad de la discriminación. Además, desde 2009 se puede encontrar la página web *Easy Read Online* que han creado y están presenten en redes sociales, publican material y guías en lectura fácil y también ofrecen cursos y talleres para una aproximación a la lectura fácil. Asimismo, han creado unas sesiones en línea para la agencia nacional de discapacidad de los Emiratos Árabes llamada *Sharjah City for Humanitarian Services*, para establecer normas de lectura fácil en el mundo árabe.

Otro hito lo marcó la ONG United Response en 2013, cuando comenzó a publicar la revista *Easy read newspaper* (United Response, 2021). Esta revista, que se edita cada dos o tres meses, presenta noticias actuales de todo el mundo en versión lectura fácil, para que las personas con dificultades puedan saber qué está pasando en el mundo.

El proyecto europeo *Pathways – Pour la formation continue des personnes handicapées intellectuelles* publicó en 2009 *L'information pour tous: Règles européennes pour une information facile à lire et à comprendre* para personas con discapacidad, con problemas cognitivos, como son los inmigrantes o personas iletradas, donde se recogen las reglas para escribir en lectura fácil. Dividen estas reglas en: reglas generales para la lectura fácil, reglas específicas para la información escrita, reglas específicas para información electrónica y reglas específicas para información audiovisual. Estas son muy similares a las descritas por García Muñoz (*c.f.* 1.1.). Además, la CNSA[8] y la Asociación Unapei[9] publican en sus páginas web fichas en lectura fácil con información sobre derechos y prestaciones para discapacitados y los distintos pasos que tienen que dar para solicitarlas.

---

8 La Caisse nationale de solidarité pour l'autonomie (CNSA) fue creada en 2005 y, con un presupuesto de más de 25.000 millones de euros, se encarga de dar asistencia, proporcionar información, etc. a personas mayores y a discapacitados y dar apoyo financiero a las agencias regionales, para que puedan ayudar a las personas con discapacidad. (Ministère des solidarités, de l'autonomie et des personnes handicapées, 2022).

9 En 1960 unos padres de niños con discapacidades se unieron en una asociación con el objetivo de integrarlos en la sociedad y darles oportunidades de vivir de forma independiente. Hoy en día la forman más de 330 asociaciones, lo que la convierte en la red de asociaciones más importante de Francia.

Por otro lado, la organización *Établissement et service d'aide par le travail «Òsea»* creó un taller en lectura fácil a principios de 2018 y una editorial en LF en 2019 llamada *Òser lire*. La primera novela adaptada a este lenguaje fue *El principito* y desde entonces ya se han traducido diez libros con el propósito de acercar la literatura a las personas con dificultades cognitivas (Service public de l'autonomie, 2022).

1.2.2. Movimiento de la lectura fácil en España

Ya en 1964 se fundó en Valencia la ONG Plena Inclusión[10] por familias que tenían dificultades a la hora de escolarizar a sus hijos con discapacidad (FEAPS, 2002: Preámbulo), aunque a lo largo de los años se ha convertido en un garante de la protección de las personas con discapacidad y una de las organizaciones que más ha luchado por la inclusión de la lectura fácil en nuestro día a día. En 2005 la Fundación General de la Universidad Autónoma de Madrid en colaboración con Plena Inclusión (FEAPS en aquel entonces) y la fundación Luis Vives, y con el apoyo del Ministerio de Asuntos Exteriores y Cooperación, el Ministerio del Interior, el Ministerio de la Presidencia, la Conferencia de Rectores de las Universidades Españolas (CRUE), el Ministerio de Trabajos y Asuntos Sociales y el Real Patronato sobre Discapacidad y con ilustraciones de Forges, Ortuño y Carmen Gilabert González, decidió adaptar la Constitución Europea a la LF (FEAPS *et al.*, 2005: 5). De esta manera intenta que todos los ciudadanos puedan conocer la Constitución. Para ello divide dicha Constitución en dos partes: la primera recoge los objetivos, valores, competencias e instituciones que forman parte de la UE; la segunda parte presenta los derechos fundamentales de los que disfrutan todos los habitantes de la UE (FEAPS *et al.*, 2005: 6). Ese mismo año la Fundación General de la Universidad Autónoma de Madrid adaptó y publicó también *Don Quijote de la Mancha* a la lectura fácil (Anula, 2005). Además, al año siguiente, la Universidad Autónoma de Madrid organizó un seminario para formar

10 El primer nombre de esta ONG era Federación Española de Asociaciones Pro Subnormales (FEAPS), que cambió en 2014 a Confederación Española de Organizaciones de las Personas con Discapacidad Intelectual – FEAPS, hasta que en 2015 pasó a llamarse Plena Inclusión.

a federaciones y asociaciones de Plena Inclusión en LF (Plena Inclusión, 2019: 2). Por otro lado, en 2010 la IFLA publicó sus directrices para materiales de lectura fácil en español (aunque su publicación en inglés data de 1997) (IFLA, 2010).

España participó en *Pathways I* en 2009 y *Pathways II* en 2012, un proyecto europeo para promover y elaborar las pautas de LF (*ibidem*). Fruto de estos proyectos el Real Patronato sobre Discapacidad en colaboración con el Ministerio de Sanidad, Asuntos Sociales e Igualdad, Plena Inclusión (antes FEAPS) y Creaccesible S.L. editó en 2012 el método de escritura fácil de Oscar García Muñoz *Lectura fácil: Métodos de redacción y evaluación* (García Muñoz, 2012).

España, tras ratificar la *Convención internacional sobre los derechos de personas con discapacidad* de 2006, se comprometió a una reforma del ordenamiento jurídico español, que se inició con la Ley 26/2011 que aprobaba la modificación de diversos documentos legales y siguió con el Real Decreto Legislativo 1/2013 con el texto refundido de la ley general de derechos de personas con discapacidad y de su inclusión social, entre los que habla de la LF y el lenguaje claro (Gobierno de España, 2021). A este cambio en la legislación española se le sumó la reforma del Código Penal por la Ley Orgánica 1/2015, la Ley Orgánica 1/2017 que garantiza la participación de personas discapacitadas sin exclusiones o la Ley Orgánica 2/ 2018 que garantiza que dichas personas puedan ejercer el derecho al voto. Finalmente, la Ley 8/2021 lleva a cabo una reforma de la legislación civil y procesal para el apoyo a las personas con discapacidad en el ejercicio de su capacidad jurídica. Esta última ley recoge modificaciones de la Ley 1/ 2000, de Enjuiciamiento civil, a la que añade en el artículo 7 bis (Ajustes para personas con discapacidad), en su punto 2a: «Todas las comunicaciones con las personas con discapacidad, orales o escritas, se harán en un lenguaje claro, sencillo y accesible, de un modo que tenga en cuenta sus características personales y sus necesidades, haciendo uso de medios como la lectura fácil. Si fuera necesario, la comunicación también se hará a la persona que preste apoyo a la persona con discapacidad para el ejercicio de su capacidad jurídica» (*ibidem*).

La Ley 8/2021 también modifica la Ley del Notariado del año 1862, a la que se le añade un nuevo párrafo al final del art. 25 con la siguiente redacción (*ibidem*):

Para garantizar la accesibilidad de las personas con discapacidad que comparezcan ante Notario, estas podrán utilizar los apoyos, instrumentos y ajustes razonables que resulten precisos, incluyendo sistemas aumentativos y alternativos, braille, lectura fácil, pictogramas, dispositivos multimedia de fácil acceso, intérpretes, sistemas de apoyos a la comunicación oral, lengua de signos, lenguaje dactilológico, sistemas de comunicación táctil y otros dispositivos que permitan la comunicación, así como cualquier otro que resulte preciso.

Asimismo, tras el manual de García Muñoz y los cursos de formación sobre LF, Plena Inclusión, junto con la Secretaría de Estado de Cultura ha creado una página web titulada *Léelo fácil*, donde se pueden leer libros en lectura fácil de forma gratuita en línea. Estos libros, que se encuentran en castellano e inglés, van dirigidos a personas con dificultad lectora, es decir, personas mayores, personas con discapacidad o personas inmigrantes que no conocen el idioma (Léelo fácil, 2014).

Además, en 2017 los juzgados de Oviedo llevaron a cabo un acercamiento entre el lenguaje jurídico y la LF cuando elaboraron, con el asesoramiento de expertos en LF, citaciones judiciales y sentencias en dicho registro (Plena Inclusión, 2019). Ese mismo año Plena Inclusión publicó el *Diccionario Fácil*, escrito en lectura fácil y el periódico de Aragón incluye una sección en LF los domingos (*ibidem*).

Por otro lado, en 2018 Plena Inclusión, en colaboración con Bankia y la Fundación Montemadrid publicaron un manual bajo el título *Validación de textos en lectura fácil: aspectos prácticos y sociolaborales*, en el que recogen conceptos y enfoques y sistematizan los procedimientos que se realizan en el ámbito de la lectura fácil. Este manual pretende comprobar que todos los textos editados en LF son en realidad accesibles al público al que van dirigidos (Plena Inclusión, 2018).

Asimismo, la ONG Instituto Lectura Fácil también lucha por la accesibilidad cognitiva, para lo que presenta 4 ámbitos de actuación: la lectura fácil, el lenguaje claro, la señalización accesible y comprensible y formación y sensibilización (ILF, 2023). Defienden que las dificultades de comprensión no afectan solo a personas con discapacidad, sino también a aquellas que, por sus circunstancias personales, no tienen un fácil acceso a la información escrita, entre las que se encuentra el colectivo inmigrante que necesita adquirir primero conocimientos del español antes de poder asimilar o comprender un texto (Pérez García & López de la Cruz, 2015: 189). Además, coopera con las siguientes entidades sociales en defensa de los derechos de personas con problemas cognitivos (IFL, 2023):

- Cuarto Sector S. Coop. And.
- Rodio S. Coop. And.
- Fundación Eurodiscap
- EAPN Andalucía. Red Andaluza de ONG contra la Exclusión Social y la Pobreza
- Fundación Inclusive
- ANIDI. Asociación Nazarena de Personas con Discapacidad Intelectual
- La Ciudad Accesible
- La Urdimbre S. Coop. And.
- Isoluciona S. Coop. And.
- Grupo Cooperativo El Roble
- Cátedra de Economía Social, Ética y Ciudadanía
- Escuela de Economía Social
- Activa Mutua. Mutualidad de Prevención de Accidentes
- Clarity España. Red Internacional para la Defensa del Lenguaje Claro
- AMMA. Asociación de Museólogos y Museógrafos de Andalucía
- DKV Integralia
- Cámara Cívica

Asimismo, en 2016 se fundó la Red de Lectura Fácil para crear vínculos entre las diferentes asociaciones de LF autonómicas. Esta asociación, que colabora con la Generalitat de Catalunya y con la Dirección General del Libro y del Fomento de la Lectura, perteneciente al Ministerio de Cultura y Deporte, engloba a las siguientes asociaciones regionales: Associació Lectura Fàcil, Lectura Fácil Euskadi, Lectura Fácil Castilla León, Lectura Fácil Madrid, Lectura Fácil Castilla La Mancha, Lectura Fácil Aragón y en breve se incorporará Lectura Fácil Illes Balears. Lectura Fácil Extremadura también está en conversaciones para unirse a ellos. Estas asociaciones asignan el logo de su asociación, que se puede ver en la ilustración 2, para certificar la adaptación del texto a la LF, no solo en la redacción, sino también en el contenido y la forma (Asociación Lectura Fácil, 2017).

Ilustración 2: Logo de Red de Lectura Fácil

Esta asociación ofrece diferentes servicios, entre los que destacan la adaptación de documentos a un lenguaje comprensible, cursos de redacción de LF, lenguaje claro y dinamización lectora, asesoramiento y supervisión de procesos de edición y orientación sobre la LF a entidades interesadas. Por otro lado, ofrecen más de 300 libros en línea adaptados a la LF en catalán, español, gallego, vasco, portugués, aranés e inglés (Asociación Lectura Fácil, 2023).

1.2.3. Lectura fácil en el ámbito académico

Dentro del ámbito académico, la Universidad Autónoma de Madrid (UAM), de la mano de su Fundación General, es pionera en el fomento de la LF. Como hemos expuesto en el punto anterior, participó en dos proyectos vitales: (1) la adaptación de la Constitución Europea a la LF (Alonso Baixeras *et al.*, 2005: 5) y la adaptación de *Don Quijote de la Mancha* a la LF (Anula, 2005). En 2006 colaboró con la ONG Plena Inclusión para impartir cursos sobre lectura fácil para asociaciones y federaciones (Plena Inclusión, 2019: 2).

En el caso de la Universidad de Zaragoza, publicó en 2012 un libro titulado *Lectura fácil y comprensión lectora en personas con discapacidad intelectual*, donde Molina y Vived presentan una propuesta didáctica para el desarrollo de la comprensión lectora a través de la LF.

Además, la Universidad Pontificia de Comillas (ICAI, ICADE Y CIHS), en colaboración con Repsol fundación y la ONG Down Madrid, dentro de la *Cátedra Familia y Discapacidad*[11] organiza los programas TECNODEMOS, proyectos de formación para el empleo e inclusión universitaria para jóvenes que tienen algún tipo de discapacidad intelectual (Universidad Pontificia de Comillas, 2016). Dentro de este programa, en 2016 ofrecieron un premio con el título *Buenas Prácticas en Lectura Fácil,* para adaptar los contenidos de los programas TECNODEMOS a la LF. Además de este programa, y dentro de la asignatura *Redes Sociales*, han creado un club de lectura con el nombre de *Nick*, donde se ven conceptos básicos sobre la comunicación y el uso de estas en el entorno profesional.

La Universidad Complutense de Madrid (UCM) ofrece a los estudiantes de su universidad diversos temarios en LF, que divide en común y específico (UCM, 2023). Dentro del temario común se recoge: (1) La constitución Española de 1978. Estructura y contenido. Título preliminar y título I. Derechos fundamentales y libertades públicas. Su garantía y suspensión, (2) La Ley Orgánica de Universidades. Especial referencia al Personal de Administración y Servicios; (3) El Estatuto de los Trabajadores. Derechos y deberes laborales básicos. Derechos y deberes derivados del contrato. Participación de los trabajadores en la Empresa: órganos de representación. El derecho de reunión. La libertad sindical; (4) Los Estatutos de la Universidad Complutense de Madrid. Especial referencia al Personal de Administración y Servicios; (5) Incompatibilidades del personal al servicio de las Administraciones Públicas: la Ley 53/1984, de 26 de diciembre; (6) El II Convenio Colectivo del Personal de Administración y servicios Laboral de las Universidades Públicas de Madrid. El temario específico se divide en 8 puntos: (1) Ubicación de los edificios e instalaciones de la UCM; (2) Distribución de documentos, paquetes, correspondencia y franqueo; (3) Organización para la apertura, cierre de edificios y control de accesos; (4)

11 El objetivo de dicha Cátedra es no solo la investigación y la promoción de la calidad de vida de los discapacitados, sino también la inclusión de las familias y profesionales en el desarrollo de estos, la contribución al conocimiento y el cumplimiento de la Convención Internacional sobre Derechos de las Personas con Discapacidad, el encuentro de los agentes sociales que tienen relación con estos, así como una reflexión teórica sobre cómo introducir buenas prácticas, para facilitar la inclusión social de los discapacitados (Universidad Pontificia de Comillas, 2021a).

Atención e información al público (Artículo 13 de la Ley 39/2015 de 1 de octubre del Procedimiento Administrativo Común de las Administraciones Públicas); (5) Informática básica a nivel de usuario; (6) Medios audiovisuales básicos; (7) Nociones básicas de reprografía; (8) La prevención de riesgos laborales: conceptos básicos y principios de la acción preventiva. Derechos y obligaciones de empresarios y trabajadores en materia de prevención de riesgos laborales. La coordinación de actividades empresariales. El Comité de Seguridad y Salud.

La Cátedra de Economía Social, Ética y Ciudadanía, perteneciente a la Universidad Pablo de Olavide (UPO) colabora con el grupo cooperativo El Roble y con el Instituto Lectura Fácil (*c.f.* 1.2.2) para llevar a cabo diversas adaptaciones, tanto a la LF, entre los que se encuentran el Estatuto de Autonomía de Andalucía, el Reglamento del Parlamento de Andalucía o Actas y formularios de la Guardia Civil, como al lenguaje claro, donde se pueden leer Cursos de iniciación y perfeccionamiento sobre el lenguaje administrativo claro, un proyecto piloto de formularios administrativos claros, la auditoría de comprensión y la creación de acceso fácil *El defensor a un clic* o la consultoría de comprensión y el portal de transparencia de la Junta de Andalucía (ILF, 2021).

La Universidad Nacional de Educación a Distancia (UNED), por su parte, ha puesto en marcha en 2022 un curso experto universitario en accesibilidad cognitiva y lectura fácil bajo el título *Accesibilidad cognitiva. Lectura fácil y otros recursos* , adscrito al departamento de Psicología Evolutiva y de la Educación en colaboración con Plena Inclusión España. Su objetivo es formar a personas para que tengan la capacidad de crear documentos y textos de fácil comprensión. Se divide en tres bloques. El primero se centra en la fundamentación y los conceptos esenciales para su comprensión, el segundo en la lectura fácil, sus fases y el procedimiento de aplicación y el tercero supone el trabajo fin de curso.

Con el objeto del cumplimiento de la Ley 8/2021 (*c.f.* 1.2.2.), la Universidad Rey Juan Carlos (URJC) y la Fiscalía General del Estado publicaron en 2022 unas guías en formato de LF para hacer más accesible el Código Civil a personas con discapacidad intelectual o problemas cognitivos, que fueron validadas por estudiantes del curso de Asistente Jurídico de la URJC, con la colaboración de la Fundación Esfera. Estos estudiantes con discapacidad intelectual, recibieron un curso para adquirir los conocimientos jurídicos necesarios y poder acceder con ellos a puestos de trabajo de la sociedad. Así, la directora de este curso, Marta Albert, asegura que «no solo beneficia a personas con discapacidad intelectual, sino también a mayores o personas migrantes que no entiendan bien el idioma» (*ibidem*). Estos documentos se pueden encontrar en la página web de la Fiscalía General del Estado (Ministerio Fiscal, 2022):

- Lectura fácil. Información a personas con discapacidad sobre la reforma del Código Civil. Fundación Esfera y URJC.
- Lectura Fácil. Convención Internacional de Naciones Unidas sobre los Derechos de las Personas con Discapacidad en lectura fácil.
- Lectura Fácil. Artículos del Código Civil sobre las medidas de apoyo a las personas con discapacidad para el ejercicio de su capacidad jurídica. AEFT.
- Lectura fácil. Guardia Civil. Acta de información de derechos a persona víctima de un delito.
- Lectura Fácil. Observación general número 1 del Comité sobre los Derechos de las Personas con Discapacidad de la Organización de Naciones Unidas. Plena Inclusión.
- Lectura Fácil. Qué es un delito y cómo se denuncia. Plena Inclusión.
- Lectura Fácil. Investigación sobre apoyo a la toma de decisiones. AEFT.
- Lectura fácil. Guardia Civil. Diligencia de información de derechos al investigado no detenido.

Ese mismo año la Universidad de Alicante (UA) presentó un Nooc[12] de 18 horas bajo el título Desarrollo de la accesibilidad cognitiva al lenguaje escrito en alumnado con discapacidad intelectual mediante el método de lectura fácil, donde explican qué es la LF y qué pasos hay que dar con el fin de convertir un texto en lectura fácil.

En 2022 el Instituto Lectura Fácil llevó a cabo también un proyecto piloto con el Laboratorio de Innovación Social, perteneciente a la Universidad de La Laguna, donde han dado a conocer la técnica para adaptar diferentes textos al lenguaje claro. Este taller llevó a cabo, además,

12 Nano Online Open Course (Nooc): son cursos de una duración muy corta que se hacen a través de internet y cuyo acceso es gratuito (Fuden Inclusiva, 2023).

la adaptación de diferentes documentos públicos del Cabildo de Tenerife a este lenguaje (ILF, 2022).

Por otro lado, la Universidad de Valladolid (UVa) en su sede de Soria organizó en marzo del año 2023 el primer congreso internacional titulado *Discapacidad, Lectura fácil y Traducción* con el fin de dar visibilidad a la LF y a la investigación en torno a la accesibilidad en traducción e interpretación (UVa, 2023).

En la Facultad de Ciencias de la Educación de la Universidad de Cádiz (UCA) también llevan años fomentando la lectura fácil de diversas formas. Dentro de su Centro de Escritura tienen habilitado un enlace a la LF, donde muestran los siguientes cuentos escritos en este registro, que, además, están enlazados a la aplicación *A Manos Llenas*[13]: *Animapiratas*, *Asno y el Cochino*, *El Traje del Emperador*, *Juana I de Castilla*, *El León y el Ratón*, *La Grulla y la Zorra*, *El Sol y el Viento* y *Sopa de piedra* (Centro de Escritura UCA, 2023). Al pulsarlos se abre una página que va mostrando el texto en negro, que se va transformando en azul para indicar el ritmo de lectura (imitando los karaokes). En la parte superior de estos cuentos se pueden encontrar tres siluetas de color gris: una tortuga, que da opción a una LF más lenta, una liebre, para aquellos que quieran un nivel más rápido y un botón de pausa, por si el lector quiere parar el cuento y leer de forma más tranquila, o por si no entendiera algo. Además, los cuatro primeros cuentos se pueden encontrar también como libro en LF. Esta universidad también ofreció en 2022, y con la colaboración de la Asociación Lectura Fácil, un curso sobre LF en su Escuela de Verano para determinar su significado, explicar las pautas para la adaptación de un texto a este registro, compartir experiencias y buenas prácticas docentes y de investigación

13 En el año 2013, el Campus de Excelencia Internacional del Mar y el Vicerrectorado de Responsabilidad Social, Extensión Cultural y Servicios pusieron en marcha una aplicación en la que presentan cuentos accesibles en texto escrito, como texto en imágenes, signado, en lectura fácil, en audiotexto o con subtítulos (Centro de Escritura UCA, 2023a). Este proyecto, que se creó gracias a dos grupos de investigación de la Junta de Andalucía (HUM 748 y TIC 195), comenzó con lo que denominan *signocuentos*, cuentos en lenguaje de signos, y se fue desarrollando hasta incluir los cuentos en los textos anteriormente mencionados.

y generar espacios de reflexión (AFL, 2022) y organiza los *Encuentros de Lectura Fácil*[14] donde se presentan buenas prácticas y experiencias de éxito (RIUL, 2023).

14 En abril de 2023 tuvo lugar el 9º *Encuentro de Lectura Fácil* bajo el título *Lectura Fácil, 20 años acercándote a la lectura*, debido a que la *Asociación Lectura Fácil* se fundó en 2003.

2. Lenguaje claro

La falta de comprensión, y por ende de accesibilidad, no es un problema que afecte únicamente a la población inmigrante. Según el estudio para la evaluación de competencias de adultos (PIAAC[15]) realizado en 2013 por la Organización para la Cooperación y el Desarrollo Económicos (OCDE) en cerca de 40 países, únicamente el 0,7 de todos los participantes consiguió el nivel superior, el nivel 5, en comprensión lectora. De hecho, ningún español consiguió llegar a este nivel, un 4,6 % llegó al nivel 4, un 27,8 % al nivel 3 y un 39,1 % al nivel 2, resultados que quedan por debajo de la media. Esto deja patente que la mayoría de las personas adultas no comprenden bien textos especializados o de una dificultad alta. En el caso de los inmigrantes, se les suma la falta de destrezas lingüísticas en un idioma que no es el suyo, por lo que vemos vital fomentar el lenguaje claro.

El mundo jurídico fue el primero que se propuso hacer más comprensible sus textos, por lo que puso en marcha un lenguaje jurídico simplificado, que, como ya hemos mencionado anteriormente, se ha denominado lenguaje claro y que, aunque comenzó en el lenguaje jurídico-administrativo, se ha extendido a otros lenguajes especializados, como son los diversos lenguajes técnicos, la interpretación, el lenguaje biosanitario, etc.

Así, el Instituto de Lectura Fácil, junto con la asociación Clarity, presenta las siguientes razones por las que se debe utilizar un lenguaje claro (Instituto Lectura Fácil, 2017: 11):

1. Para que el mensaje sea más efectivo y tenga más impacto. Cuanto más comprensible sea, a más personas llegará.
2. Cuando existen ambigüedades y diversas interpretaciones, esto puede inducir a error y que el mensaje que se intenta transmitir sea malinterpretado.

---

15 El Programa para la Evaluación Internacional de las Competencias de la Población Adulta, PIAAC, de la OCDE realiza un estudio comparativo internacional de personas comprendidas entre los 16 y los 65 años de cuatro competencias clave para el dominio cognitivo: la lectura, matemáticas y resolución adaptativa de problemas (Instituto Nacional de Evaluación Educativa, 2023).

3. La localización de la información es esencial para saber cuál es la idea principal y cuál la secundaria. Si la identificación es sencilla, el lector no incurrirá en errores.
4. Se reducirá el tiempo y los costes de la lectura y se evitarán conflictos. Si el texto es fácil de entender, el lector podrá dedicar sus esfuerzos a meditar sobre el mensaje, etc. y no a intentar descifrar lo que quiere decir. Además, si se elimina la ambigüedad, también se eliminan los conflictos que pueden surgir de esta, conflictos que en caso de textos jurídicos pueden incluso acabar en los tribunales.
5. Si no deja lugar a dudas, el texto será más transparente. Esto garantiza que todo el mundo lo entienda, por lo que no habrá personas beneficiadas o perjudicadas.
6. Genera confianza. Aquellas cosas que nos son ajenas nos producen desconfianza. Por ello, si queremos que el lector sienta seguridad en el texto y se sienta tratado de forma justa, se deberá escribir en lenguaje claro.

2.1. Cómo escribir en lenguaje claro

Para facilitar la redacción en lenguaje claro, la Comisión Europea publicó un manual[16] que recoge 10 consejos para ayudar a escribir en lenguaje claro (2011). Presentamos a continuación un resumen de estos.

Piense antes de escribir qué va a escribir y a quién se dirige: se debe tener en cuenta el público objetivo, la intención y el mensaje que se quiere transmitir, y adecuar el lenguaje a estos puntos. En caso de que sea un texto para inmigrantes, este debería tener una dificultad menor que un texto para un nativo (*ibidem*, 2011).

Además, es importante dar forma a dicho documento: Carretero González y Fuentes Gómez (2019: 17), defienden que el resumen debe situarse al comienzo del documento y el discurso debe contener tres partes: la introducción, el cuerpo del mensaje y la conclusión o petición final.

Se debe cumplir la regla «BYS», es decir, la creación de un texto breve y sencillo. Para ello, es aconsejable redactar frases de no más de dos o tres

16 Este manual no es normativo, se limita a dar consejos sobre cómo escribir de forma clara y está traducido a las 23 lenguas oficiales de la UE.

líneas y con 20 palabras como media, siempre intercalando frases más cortas. Los párrafos, a su vez, no deben superar las seis o siete líneas (Comisión Europea, 2011: 18). Además, la Comisión Europea, recomienda no superar las 15 páginas en un documento y evitar expresiones redundantes, información repetida, binomios y trinomios, etc. Para ello, aconseja redactar respetando el orden lógico de una oración, es decir, sujeto, verbo y predicado. Es importante nombrar explícitamente el sujeto para que el lector sepa con exactitud de quién se trata. Por otro lado, la información importante deberá ir al principio de una oración, no detrás de los complementos (Comisión Europea, 2011).

También aconseja la eliminación de la nominalización, tan habitual en el lenguaje jurídico, en pos del uso de verbos o adjetivos. Esto hace que la población inmigrante entienda mejor el mensaje que se quiere transmitir. Además, se debe evitar usar términos abstractos y sustituirlos por concretos, como por ejemplo «puesto de trabajo» y no «oportunidad de empleo» y favorecer la voz activa a la pasiva (*ibidem*, 2011).

Se debe evitar el uso de falsos cognados, unidades fraseológicas especializadas (UFE) y siglas o acrónimos. Además, el lenguaje jurídico es muy propenso a tomar palabras de otros idiomas (italianismos, latinismos, francesismos, etc.), tanto adaptados a la lengua española, como crudos, es decir, tal cual aparecen en su idioma original. Asimismo, los colectivos profesionales con frecuencia incluyen términos y UFE que el público general no puede comprender. Eso significa que los inmigrantes no tienen ninguna opción de entender el texto en cuestión, por lo que dichos profesionales del derecho deberían evitar estas expresiones. Se aconseja que la primera vez que aparecen siglas o acrónimos en un texto, se incluya delante de estos su significado completo.

Finalmente, la Comisión Europea (2011) recomienda una lectura crítica y profunda final, en la que se preste atención a la coherencia, cohesión, la sucesión lógica de las ideas y la simplificación de las oraciones.

2.2. Historia del lenguaje claro

Como ya se ha mencionado anteriormente (*c.f.* 2), los comienzos del lenguaje claro tienen su procedencia en los textos jurídicos-administrativos, que, debido a sus características (lenguaje arcaizante, extranjerismos, fórmulas redundantes, etc.), suponen textos de gran complejidad. Esto hace que no siempre resulten comprensibles para ciudadanos sin conocimientos jurídicos, mucho menos para inmigrantes, con o sin conocimientos de la lengua española. Este hecho no le pasó desapercibido al filósofo alemán Georg Wilhelm Friedrich Hegel, que en 1820 ya lo denunció en su obra *Filosofía del Derecho*[17]:

> *Elevar tan alto las leyes, que ningún ciudadano las pueda leer, como hacía el tirano Dionisio –o, si no, esconderlas en el prolijo aparato de los libros doctos, de colecciones de decisiones discordes por los juicios y las opiniones, de costumbres, etcétera, y aun más, en un lenguaje extraño de suerte que el conocimiento del derecho vigente sea solo accesible a aquellos que se han adoctrinado en él–, es solo y único error... (p. 191).*

Para facilitar su comprensión para los ciudadanos en general, así como para los grupos más vulnerables, como es la población inmigrante, se ha originado un movimiento llamado *Plain Language*, traducido al español como Lenguaje Claro[18], que tiene como finalidad imprimir claridad al lenguaje jurídico.

Para llevar a cabo esta simplificación del lenguaje jurídico, se ha creado la Federación Internacional del Lenguaje Claro (International Plain Language Federation - IPLF) que define este tipo de lenguaje de la siguiente forma: «Una comunicación está en lenguaje claro si la lengua, la estructura y el diseño son tan claros que el público al que está destinada puede encontrar fácilmente lo que necesita, comprende lo que encuentra y usa esa información» .

Existen tres asociaciones principales (Clarity International, PLAIN y Center) que velan por el cumplimiento de estas recomendaciones y que buscan la introducción del lenguaje claro en la administración pública y los textos jurídicos. En el año 2007 crearon la Federación Internacional

17 La versión de la que hemos sustraído la cita es la publicada por la Editorial Claridad en 1937 de la traductora Angélica Mendoza de Montero, quien la ha tomado de la versión italiana de Francisco Messineo, publicada bajo la dirección de Benedetto Croce y G. Gentile. Traducciones posteriores presentaron la obra bajo el título *Fundamentos de la Filosofía del Derecho*.

18 Como ya hemos mencionado en la introducción, recibe diferentes nombres: lenguaje claro, comprensible, llano o ciudadano. Nosotros nos hemos decantado por lenguaje claro, ya que es el más utilizado.

de Lenguaje Claro (IPLF). Esta federación internacional ha impulsado un proyecto para la creación de una norma ISO del Lenguaje Claro por *Standards Australia*, que aprobó en 2019 un grupo de trabajo denominado *Comité Técnico de la ISO 37* (*TC37* o *TC37WG11*), encargado de su desarrollo bajo el número ISO 24495 (Balmford, 2020). Este proyecto, que se ha aprobado en 2023 y que recibe el nombre completo de ISO 24495-1:2023 consta de cuatro principios básicos para que se considere un texto escrito con lenguaje claro : (1) los lectores reciben lo que necesitan (relevante), (2) los lectores pueden encontrar con facilidad lo que necesitan (localizable), (3) los lectores pueden entender con facilidad lo que encuentran (comprensible) y (4) los lectores pueden utilizar fácilmente la información (utilizable) (ISO, 2022).

2.2.1. Movimiento del lenguaje claro en el marco internacional

Como ya hemos mencionado en la introducción, este movimiento comenzó en Europa, en Suecia, en 1976, cuando el Gobierno impulsó una iniciativa con el objetivo de simplificar los documentos gubernamentales. Para ello, contrataron al experto Per Lundahl, con la misión de modernizar este lenguaje (Baedecke & Sundin, 2002). A lo largo de los años, esta forma de escribir textos gubernamentales fue creciendo y extendiéndose a empresas privadas hasta que en 1993 se creó un grupo de defensa del lenguaje claro denominado *Plain Swedish Group*, dependiente del Departamento de Justicia, que es el encargado de ver que todo documento gubernamental esté escrito con un lenguaje comprensible para la mayoría de los ciudadanos (*ibidem*). Este país nórdico no solo es el pionero de la simplificación del lenguaje jurídico, sino también donde más arraigada se encuentra. Al disponer de un grupo encargado en exclusiva de asegurar un lenguaje fácil de entender, es un país que proporciona seguridad jurídica y confianza en las autoridades (Strandvik, 2011).

Cruzando al continente americano, en EE. UU. William Strunk Jr. intentó introducir el lenguaje claro en 1918 al publicar un manual de estilo de titulado *Los Elementos del Estilo*. Además, en 1944 Maury Maverick introdujo el término «gobbledygook», una palabra que se usa en caso de un texto complejo y, en palabras de Schriver (2017), «impenetrable». Sin embargo, no tuvo mucha repercusión, a pesar de que muchos académicos y profesionales celebraran esta iniciativa (Orwell, 1946; Flesch, 1948; Flesch, 1949; Zipf, 1949, etc.), y no fue hasta 1980 cuando el Congreso de EE. UU. aprobó la ley titulada *Paperwork Reduction Act,* que fue revisada y actualizada en 1995 y 1998 con el nombre de *Government Paperwork Elimination Act.* El siguiente en dar un impulso a esta forma de escribir fue el presidente Bill Clinton en 1996, ya que creó la red federal de acción e información del lenguaje claro bajo el título de *PLAIN* (Schriver, 2017). Casi diez años más tarde, en 2003, Annetta Cheek y su equipo fundaron una ONG con el nombre *Center for Plain Language,* para fomentar el uso del lenguaje claro en las agencias públicas y hacer llegar a la luz pública la necesidad de escribir de forma simplificada, sobre todo para conseguir juicios justos y para garantizar la seguridad jurídica de los ciudadanos estadounidenses, muchos de ellos inmigrantes con conocimientos de inglés limitados (Schriver, 2017). Finalmente, en 2010 se aprobó una ley con el título de *Plain Writing Act,* que establece como preceptivo el uso de este lenguaje en cualquier organismo federal.

Otro país con un gran desarrollo del lenguaje claro es el Reino Unido. Allí, el Departamento de Tesorería contrató en 1948 a Ernest Gowers para la redacción y publicación del manual *The Complete Plain Words*[19], donde se hace una primera aproximación a dicho lenguaje, aunque no tuvo una gran repercusión. Sin embargo, la campaña *The Plain English Campaign* (PEC), que puso en marcha Chrissie Maher en 1979 y que no tuvo ayudas económicas públicas y se financió con publicidad, publicaciones y cursos, dio un impulso al uso del lenguaje claro a nivel internacional (PEC, 2023). Esta organización presentó en 1990 un logo llamado *Crystal Mark* (marca de cristal), que representa un diamante, con el que se destacan documentos, páginas web y organizaciones que escriben en lenguaje claro. En la actualidad más de 2000 organizaciones utilizan este logo, que aparece en más de 24.000 documentos de todo el mundo y cuyo precio está entre £150 + impuestos hasta £500 + impuestos.

---

19 Su primera publicación fue una breve impresión titulada *Plain Words, a guide to the use of English* en 1948, seguida de *The ABC of Plain Words* in 1951. El libro *The Complete Plain Words* está compuesto por la unión de ambos.

Ilustración 3: Logo Crystal Mark para el reconocimiento del lenguaje claro (PEC, 2022)

La siguiente asociación en defensa del lenguaje claro, Clarity (Clarity International, 2023) fue fundada en 1983 por el abogado británico John Walton y se ha convertido en la organización internacional más grande de este lenguaje, ya que se ha expandido a todo el mundo y cuenta con más de 650 miembros en 50 países diferentes. Publica dos veces al año un periódico titulado *The Clarity Journal* y promueve congresos, talleres y seminarios para el fomento del lenguaje claro en todo el mundo jurídico y administrativo.

Alemania es otro país que tiene interés en simplificar el lenguaje jurídico, movimiento que recibe el nombre de *einfache Sprache* o *bürgernahe Sprache*, como demuestra el art. 17, apartado 1, n.° 3 del libro I del Código de la Seguridad Social alemán (SGB I) que dicta que todos los proveedores de prestaciones sociales deben utilizar formularios con lenguaje comprensible, así como el art. 10, apartado 1 de la Ley de Medicamentos alemana (Arzneimittelgesetz) y el art. 630e, apartado 2, n.° 3 del Código Civil alemán (BGB), que recoge que toda información médica o sobre medicamentos también debe ser comprensible para los ciudadanos.

Por otro lado, la Dirección General de Traducción, perteneciente a la Unión Europea, publicó en 2011 una serie de recomendaciones en el manual titulado *Fight the fog: How to write clearly*[20]. Este promovió que la Comisión Europea publicara varios documentos con directrices para simplificar los escritos dentro de la UE. Tras este impulso, vino el movimiento *Legislar mejor* (*Better Regulation*), que llevó a un acuerdo interinstitucional entre el Parlamento Europeo, el Consejo de la UE y la Comisión Europea por el que publicaron conjuntamente en 2003 unos principios generales para la redacción simplificada de textos jurídicos dentro de la UE. Además, estas tres instituciones se comprometieron a reforzar la transparencia y la accesibilidad de la información para el ciudadano (EUR-Lex, 2003).

Si nos centramos en países de habla hispana, también ha habido varios movimientos para la simplificación del lenguaje jurídico y administrativo. Quizás el más fuerte ocurrió entre los años 2000 y 2006, bajo la presidencia de Vicente Fox en México, ya que puso en marcha un programa que impulsaba el uso de lenguaje claro en los documentos de la administración pública federal. Fruto de esta apuesta del presidente fue el manual que se publicó en 2004 bajo el título *Lenguaje ciudadano. Un manual para quien escribe en la Administración Pública Federal* (De la Peña, 2020).

Otro país hispanoamericano que impulsó el lenguaje claro es Argentina, donde se presentó en el año 2000, con la financiación del Banco Mundial, el proyecto *Comunicación en Lenguaje Claro,* perteneciente al *Programa de Asistencia Técnica para el Fortalecimiento del Sistema Nacional de Inversión Pública* (FOSIP). Este programa buscaba la implementación del lenguaje claro en el Ministerio de Economía. Además, en el año 2015, el Ministerio de Justicia y Derechos Humanos de este país abrió una página web titulada *Derecho Fácil*[21] (Staiano, 2021) y en 2018 el Honorable Senado de la Nación Argentina, junto con la Secretaría Legal y Técnica de la Nación y el Ministerio de Justicia y Derechos Humanos de Argentina, firmó un convenio marco para crear la *Red de Lenguaje Claro de la Argentina* (Red LCA, 2018) y, con esta, garantizar la transparencia de los actos

20 Estas recomendaciones se encuentran en línea: http://www.maldura.unipd.it/buro/manuali/fog.pdf

21 La página se encuentra en línea: https://www.argentina.gob.ar/justicia/derechofacil

de gobierno, el derecho a entender y el acceso a la información pública. Esta red se basa en diferentes decretos y regulaciones[22] (*ibidem*).

Además, en junio de 2022 la Real Academia Española, desde la presidencia de la Asociación de Academias de la Lengua Española (ASALE), ha aprobado en un acto celebrado en la Corte Suprema de Chile, el proyecto *Red Panhispánica de Lenguaje Claro* (Red-PHLEC), con el objeto de fomentar la claridad lingüística. Hasta la fecha se han adherido el Tribunal Supremo, el Consejo General del Poder Judicial y el Defensor del Pueblo de España, así como 18[23] academias de la lengua de países latinoamericanos. Esta red está representada por un delegado de cada una de ellas (RAE-Noticias, 2022).

2.2.2. Movimiento del lenguaje claro en España

En 1990 el Instituto Nacional de Administración Pública hizo el primer amago de acercarse al lenguaje claro al publicar un manual con el título *Manual de estilo del lenguaje administrativo*, que defendía la introducción de una redacción clara en la administración pública. Aunque no habla del lenguaje claro como tal, sí defiende el uso ordenado de la información. En mayo de 2001 los dos principales partidos políticos de España, el PP y el PSOE, firmaron un Pacto de Estado para la Reforma de la Justicia, que cristalizó en la *Carta de Derechos de los Ciudadanos ante la Justicia*. El pleno del Congreso de los diputados aprobó esta en abril de 2002 por unanimidad como proposición no de ley. Dentro de esta Carta se reconoce

---

22 Decreto 891/2017 sobre las buenas prácticas en materia de simplificación, Decreto 258/2019 sobre el Plan Nacional Anticorrupción, anexo 1: Transparencia y Gobierno Abierto. Apartado 91 y la resolución 54/2019 de la Secretaría Legal y Técnica de la Ciudad Autónoma de Buenas Aires. Anexo.

23 Las academias suscritas son: la Academia Chilena de la Lengua, la Academia Colombiana de la Lengua, la Academia Ecuatoriana de la Lengua, la Academia Mexicana de la Lengua, la Academia Venezolana de la Lengua, la Academia Peruana de la Lengua, la Academia Guatemalteca de la Lengua, la Academia Panameña de la Lengua, la Academia Cubana de la Lengua, la Academia Paraguaya de la Lengua Española, la Academia Boliviana de la Lengua, la Academia Dominicana de la Lengua, la Academia Argentina de Letras, la Academia Puertorriqueña de la Lengua Española, la Academia Salvadoreña de la Lengua, la Academia Costarricense de la Lengua y la Academia Hondureña de la Lengua.

el derecho de cualquier ciudadano a una justicia comprensible (núm. 5) y al empleo de oraciones sencillas, sin perjuicio de su rigor técnico (núm. 7). Para poner en práctica estos derechos, en 2009 se constituyó la Comisión de Modernización del Lenguaje Jurídico, que emitió recomendaciones concretas, dirigidas a los profesionales del derecho, a las instituciones y a los medios de comunicación. A tal efecto, en el año 2011 se abrió una página desde el Ministerio de Justicia, donde se recogen dichas recomendaciones (Comisión de Modernización, 2011).

Por otra parte la Real Academia Española (RAE) suscribió con el Consejo General del Poder Judicial (CGPJ) un convenio para elaborar el *Diccionario panhispánico del español jurídico* (DPEJ)[24] (Muñoz Machado, 2017) y el Libro de estilo de la Justicia, dirigido por Santiago Muñoz Machado y publicado en 2016.

Finalmente la vicepresidenta primera y ministra de Asuntos Económicos ha anunciado en marzo de 2023 que el Gobierno de España quiere impulsar el lenguaje claro en la Administración Central a través de un Decálogo con el que busca simplificar el número de portales de la Administración, así como ampliar el número de *chatbots* y asistentes de voz para ayudar a los ciudadanos con los trámites (Europapress, 2023).

24 Se presentó una primera versión en papel en 2017, pero desde 2020 (actualizada en 2022) también se puede consultar en línea: https://dpej.rae.es/

Parte II

3. La traducción y la interpretación en la educación superior en España

La traducción y la interpretación hicieron su entrada en la educación superior en España en forma de diplomaturas en la Escuela Universitaria de Traductores e Intérpretes (EUTI) de la Universidad de Barcelona en 1973 (Real Decreto 2549/1972), la Universidad de Granada en 1979 (Real Decreto 2572/1979) y la Universidad de Las Palmas de Gran Canaria en 1988 (Real Decreto 127/1988). Cada escuela contaba con sus propios planes de estudios, todos ellos de conformidad con el artículo 37 de la Ley General de Educación de 1970, que establecía la creación de una serie de enseñanzas obligatorias y otras optativas.

En un primer momento, estos estudios de tres años contemplaban una única lengua extranjera (francés o inglés) y la especialidad de traducción o de interpretación (Orden Ministerial de 14 de julio de 1983). La Orden Ministerial de 20 de abril de 1985 introdujo la asignatura de Lengua Española, una segunda lengua extranjera y reorganizó las asignaturas correspondientes a cada especialidad.

A pesar del gran paso que supuso la entrada de la traducción y la interpretación en la educación superior, no dejaba de tratarse de estudios de tres años, lo que dificultaba su acceso al mercado laboral de las instituciones europeas (Consejo de Universidades, 1988) donde exigían estudios de dos ciclos. Del Pino (1999) señala que muchos licenciados en otras disciplinas, con buen dominio de al menos dos idiomas comunitarios, ocupaban puestos de traductores e intérpretes en las instituciones europeas tras un curso de formación de seis meses.

Ante esta panorámica, en 1988 se redacta el *Libro Verde sobre la creación de la Licenciatura en Traducción e Interpretación* para que los estudios superiores de traducción e interpretación se conviertan en licenciatura, con asignaturas específicas, pero también con materias de otras áreas de conocimiento, como economía, derecho, etc. Nace así una licenciatura de dos ciclos, con un mínimo de 300 y un máximo de 360 créditos y una troncalidad común para todas las universidades, además de asignaturas obligatorias, optativas y de libre configuración (Real Decreto 1385/1991).

La siguiente modificación en la estructura de los estudios de Traducción e Interpretación llegó con el Espacio Europeo de Educación Superior. La Universidad de Granada coordinó un grupo de trabajo formado por 18 universidades españolas y la Agencia Nacional de Evaluación de la Calidad y Acreditación (ANECA) con el objetivo de redactar el *Libro Blanco*, un documento no vinculante que recoge datos a nivel europeo sobre inserción profesional, competencias, etc. . Y aunque la tendencia en Europa se inclinaba hacia la creación de un grado de tres años de 180 créditos a modo de primer ciclo y un máster de 120 créditos a modo de segundo ciclo, la opción que finalmente se implantó en España fue la de un grado de 240 créditos, con los perfiles profesionales de traductor profesional generalista, mediador lingüístico y cultural, intérprete de enlace, lector editorial, redactor, corrector, revisor y docente de lenguas (*ibidem*).

En el Grado en Traducción e Interpretación son las universidades las encargadas de realizar los planes de estudios, reservando al menos 60 créditos a asignaturas básicas de 6 créditos que se impartirán durante la primera mitad del plan de estudios. De estos 60 créditos, 36 tienen que pertenecer a las siguientes ramas del conocimiento: filosofía, arte, expresión artística, antropología, historia, geografía, lengua, idioma moderno, lengua clásica, lingüística, literatura y sociología (Real Decreto 1393/ 2007). Asimismo, se realizarán de forma obligatoria prácticas en empresas del sector y un trabajo de fin de grado que permita evaluar la adquisición de las competencias propias del título (*ibidem*).

En 2022 existen en España 27 universidades que ofertan grados relacionados con la traducción y la interpretación : la Universidad de Alcalá de Henares, la Universidad Alfonso X, la Universidad de Alicante, la Universitat Autónoma de Barcelona, la Universidad Autónoma de Madrid, la Universidad Complutense de Madrid, la Universidad de Córdoba, la Universidad Europea del Atlántico, la Universidad Europea de Madrid, la Universidad Europea de Valencia, la Universidad de Granada, la Universitat Jaume I, la Universidad de Las Palmas de Gran Canaria, la Universidad de Málaga, la Universidad de Murcia, la Universitat Oberta de Catalunya, la Universidad Pablo de Olavide, la Universidad del País Vasco, la Universitat Pompeu Fabra, la Universidad Pontificia de Comillas, la Universidad Rey Juan Carlos, la Universidad de Salamanca, la Universidad San Jorge, la Universitat de València, la Universidad de Valladolid, la Universitat de Vic-UCC y la Universidade de Vigo.

3.1. Traducción e interpretación para los servicios públicos en España

A fecha 1 de abril de 2023, el Instituto Nacional de Estadística cifró el número de extranjeros residentes en España en 6.227.092. Durante el primer trimestre, las principales entradas en el país fueron de personas procedentes de Colombia, Marruecos, Venezuela, Perú, Ucrania, Italia, Honduras, Argentina y Rumanía .

Una persona que esté legalmente en España, ya sea con un permiso de residencia o porque se le ha concedido la protección internacional, podrá vivir y trabajar en el país (Ley 12/2009). Asimismo, en el caso de la protección internacional, tendrá derecho a la expedición de documentos de identidad y de viaje, podrá acceder a los servicios públicos de empleo, a la asistencia sanitaria, a la educación, a la vivienda, a los servicios sociales, a los programas de integración, a los programas de ayuda al retorno voluntario, a la libre circulación y a la reagrupación familiar (*ibidem*).

No obstante, en muchos casos, para poder hacer uso de las prestaciones y ejercer los derechos que les corresponden necesitarán vencer la barrera del idioma, con textos traducidos o con la asistencia de intérpretes. En este caso, la interpretación que recibirían se encuadra dentro de la interpretación social, que, en palabras de Valero Garcés (2002), sería la interpretación que se realiza entre los empleados de los servicios públicos y usuarios que, por lo general, tienen un nivel educativo, adquisitivo, social y cultural inferior. Por su parte, los traductores que se dedican a la traducción de textos para los servicios públicos destinados a la población inmigrante tienen que enfrentarse también a las diferencias que se apuntan en la definición de interpretación social, lo que se ha denominado asimetría comunicativa. Así pues, encontramos expresiones o términos de uso común para los empleados de los servicios públicos (y quizá también para los usuarios españoles), que resultan desconocidos o complicados para los destinatarios de la traducción (Cabré, 2004; Valero Garcés, 2009) y, por lo tanto, se deben utilizar estrategias para paliar el desfase entre el experto y el no experto .

3.2. El objetivo de la traducción

Christiane Nord (1994) apunta que el significado de un texto está compuesto por dos aspectos:

1) la relación que existe entre la forma y el contenido de sus elementos y
2) la función comunicativa del texto.

Asimismo, defiende que un texto no tiene ninguna función comunicativa por sí mismo, sino que dicha función comunicativa surge cuando existe un receptor del texto que, en una situación determinada, activa sus experiencias (*ibidem*). Se basa, por lo tanto, en la teoría del *skopos* de Vermeer (1983) que sostiene que toda traducción dependerá del objetivo que tiene que cumplir para la cultura meta.

Nord (*op. cit*) diferencia cuatro funciones básicas dentro del acto comunicativo: a) la función fática, b) la función referencial, informativa o descriptiva, c) la función expresiva o emotiva y d) la función apelativa.

La primera de ellas, la función fática, es la que sirve para crear, mantener o interrumpir la comunicación. Está representada por saludos, fórmulas de tratamiento y títulos de libros y textos. Por su parte, la función referencial, también llamada informativa o descriptiva, representa o describe fenómenos y objetos. Esta función se divide, a su vez, en función instructiva (cuando se trata de instrucciones o pasos para llevar a cabo una tarea) y metalingüística (cuando sobre lo que se está dando información es sobre la lengua en sí misma). La función expresiva o emotiva hace referencia a las opiniones o sentimientos del autor del texto original hacia cualquier aspecto del mundo que le rodea. Dentro de esta función podemos ver también una función evaluativa. Y, por último, la función apelativa busca una reacción en el receptor, ya sea de persuasión o de apelación a sus conocimientos o emociones. La función poética y la función ilustrativa son dos subfunciones de la función apelativa que, en algunos casos, también puede conseguirse a través de la función expresiva o referencial.

Esta teoría funcionalista tiene especial relevancia cuando el destinatario de las traducciones es la población inmigrante, que va a consultar o hacer uso de la traducción o la adaptación del texto para un fin determinado, normalmente dentro de los servicios públicos, como la sanidad, la educación o la Administración.

4. La traducción del lenguaje biosanitario

Mayor Serrano (2002: 132) presenta una clasificación de los tipos de textos que pueden generarse en la comunicación biomédica escrita. Para ello, comienza la clasificación diferenciando las tipologías según la función comunicativa del texto. Una vez realizado este primer paso, la siguiente división se realiza teniendo en cuenta cuál es el propósito de la transmisión de la información. En un tercer subapartado separa la diversidad de los participantes. Así, de la representación realizada por la autora que podemos ver en la ilustración 4, los textos que le llegan a los pacientes serían textos divulgativos redactados con el propósito de 1) transmitir una información científica o 2) instruir. Con el primero de los propósitos encontramos artículos de divulgación, reportajes y artículos de periódico, entre otros, mientras que el segundo de los propósitos, el de la instrucción, abarca los folletos, las guías, los libros temáticos, etc.

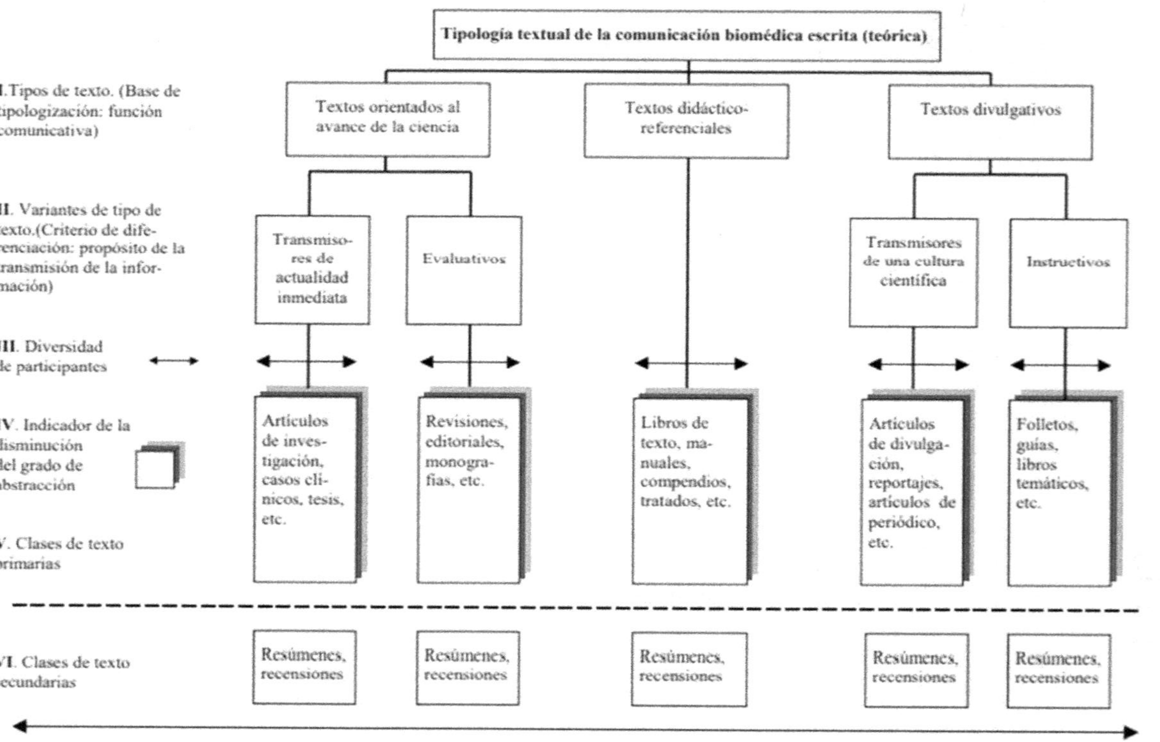

Ilustración 4: Tipología textual de la comunicación biomédica escrita (teórica). (Fuente: Mayor Serrano, 2002: 132).

Detecta la autora, además, una serie de problemas de traducción en función del tipo de texto (Mayor Serrano, 2002: 345):

Tabla 2: Clases de texto y problemas de traducción de los textos biosanitarios divulgativos (Fuente: Mayor Serrano, 2002: 345).

TIPOS/CLASES DE TEXTO Y PROBLEMAS DE TRADUCCIÓN			
Tipo de texto	**Variantes**	**Clase de texto**	**Problemas de traducción**
Divulgativo	Instructiva	Guías, folletos, libros temáticos	Marcadores (introductorios, de señalización de cambio de tópico, reformuladores recapitulativos), siglas, definición.
	Transmisora de una cultura científica	Artículos de divulgación, reportajes, artículos de periódico	Referencias a terceros (información acerca de su persona, categorías profesionales), aparición de investigadores en posición de sujeto. Marcadores (introductorios, de señalización de cambio de tópico y recapitulativos). Repetición léxica en inglés vs. variedad en español. Signos ortográficos sintagmáticos, explicaciones e introducción de nuevos términos.

Cobos López (2019: 226) presenta el término «traducción social» para aquellas traducciones del ámbito biosanitario que van dirigidas a la población general y cuya función es ayudarles a gestionar y superar un problema de salud. La autora señala también que estas traducciones, al no estar dirigidas a un público especialista, no pueden contener una gran densidad léxica (que sí podría encontrarse en textos dirigidos a expertos). Es decir, que es necesario llevar a cabo una adaptación y una reformulación de la información presentada en el texto original. Para Zethsen (2009) y García-Izquierdo y Muñoz-Miquel (2015), se trataría de una traducción intralingüística, también llamada «traducción intermodal» (Prieto Velasco & Montalt Resurrecció, 2018) o «traducción intergenérica» (García-Izquierdo & Montalt Resurreció, 2013).

Con el objetivo de hacer el lenguaje biosanitario con fines divulgativos más comprensible para la población, nace en Estados Unidos y en el Reino Unido en 2007 el movimiento *Graphic Medicine* impulsado por el Dr. Ian Williams (Cobos López, 2021: 398-399), cuya finalidad es utilizar el cómic y las novelas gráficas como forma de comunicación entre los pacientes y los profesionales sanitarios, además de como herramienta formativa para profesionales de la medicina. En esta misma línea, Lalanda (2019: 59) incluye dentro del concepto de «Medicina gráfica» a las infografías de contenido médico y considera que, en las patografías gráficas, es decir, en las descripciones de las enfermedades a través de cómics, novelas gráficas e infografías, la peculiaridad del lenguaje, las metáforas y la expresividad permiten mostrar una parte invisible de la enfermedad y, a la vez, permiten al paciente conocer mejor su enfermedad:

> *La Medicina Gráfica sería esa ventana que permite traspasar el especio entre enfermedad y enfermo, entender su perspectiva, su vivencia, todo eso que no encontramos «a la exploración» o que no se transmite durante la «anamnesis». [...] Esa visión de la parte más íntima de una patología, la más humana y sensible nos acercaría al paciente como persona y no como caso clínico, aumentando nuestra empatía.*

Teniendo en cuenta estos últimos estudios, conviene, por tanto, añadir, como clase de texto divulgativo en el ámbito biosanitario, los cómics, las novelas gráficas y las infografías.

4.1. Dificultades del lenguaje biosanitario

El lenguaje biosanitario es una variación especializada sectorial de una lengua. Los lenguajes de especialidad se han denominado tradicionalmente con el nombre genérico de jergas, que define Moreno Fernández (1999) como «un conjunto de caracteres lingüísticos específicos de un grupo de hablantes dedicados a una actividad determinada».

Es un lenguaje científico y técnico que, como tal, responde a una serie de parámetros básicos (Aleixandre-Benavent *et al.*, 2017) que son:

a) la precisión
b) la corrección
c) la claridad
d) la concisión

No obstante, el lenguaje biosanitario también se caracteriza por otros aspectos que pueden llegar a dificultar su comprensión, como son (*ibidem*):

a) los epónimos: se utiliza el nombre de una persona para denominar enfermedades, síndromes, partes de la anatomía o procesos patológicos o fisiológicos. Por ejemplo, la enfermedad de Barraquer-Simons, el síndrome de Sturge-Weber, la vena de Zuckerkandl o el ciclo de Krebs.
b) las abreviaturas, las siglas y los acrónimos: se reducen las palabras eliminando varias de sus letras. Por ejemplo, «Med. Clin.» para Medicina Clínica, «DCA» para dermatitis de contacto alérgica o «COTEP» para consciente y orientado en tiempo, espacio y persona.
c) los extranjerismos: se incorporan términos de otros idiomas para hacer referencia a nuevos conceptos, aunque en algunos casos se trata de extranjerismos innecesarios al existir una palabra en español. Por ejemplo, *baby-led weaning*, que es la alimentación complementaria a demanda.
d) los falsos amigos o falsos cognados: ocurren cuando existe una palabra o expresión extranjera que se parece a una palabra o expresión y se traduce por esta última cuando su significado no es el mismo. Por ejemplo, *dentition* no significa dentición, sino dentadura.
e) el abuso de la barra inclinada: este abuso se produce, sobre todo en el caso «y/o», cuando la conjunción «o» puede utilizarse como disyunción inclusiva en español.
f) los pleonasmos: se refiere a redundancias y su uso puede ser inconsciente o con la intención de acentuar una palabra o expresión determinada. Por ejemplo, «antecedentes previos», «hemorragia sanguínea».
g) el abuso de mayúsculas: en algunos casos se escriben con mayúsculas nombres comunes, bien porque se traducen de forma literal o bien porque se pretende dar un énfasis especial a esa palabra.
h) el abuso del gerundio: en el lenguaje médico se utiliza incorrectamente en ocasiones como nexo entre dos oraciones no simultáneas. Por ejemplo, «la paciente fue diagnosticada con apendicitis, practicándose las pruebas posteriormente».
i) el abuso de la voz pasiva: la voz pasiva consiste en que el sujeto gramatical sufre o recibe la acción ejecutada por otro. Su utilización y abuso se debe fundamentalmente a la influencia del inglés.

j) los circunloquios: se refiere a dar rodeos para evitar un término determinado. Se utilizan, sobre todo, ante términos que llevan una gran carga emocional y pueden conmocionar a pacientes y familiares .
k) los solecismos: se refiere al uso incorrecto de una expresión o la construcción de una oración con una sintaxis errónea. Se distinguen solecismos de tres tipos (Aleixandre-Benavent *et al.*, 2015): de concordancia, de régimen y de construcción.

El solecismo de concordancia aparece cuando el género o el número de las palabras de la frase no concuerdan entre sí. La explicación más común es que las palabras se encuentran separadas en la oración. Por ejemplo, «el uso de la heparina está dirigida…» Por su parte, los solecismos de régimen se refieren a la utilización incorrecta de las preposiciones que vienen marcadas por los verbos. Por ejemplo, «fueron normales los títulos serológicos a virus Coxsackie y citomegalovirus». Los solecismos de construcción se manifiestan de muchas formas, aunque un solecismo de construcción generalizado sería empezar una frase con un infinitivo de función subordinante, como «Indicar que…» o «En relación a…» *(ibidem)*.

5. La traducción del lenguaje de las administraciones públicas

Los textos que parten de la Administración y que tienen como destinatario a los ciudadanos pueden tener la función de informar o la función de ordenar, mientras que cuando son los ciudadanos los emisores de los textos la función es la de solicitar o reclamar (Oliva Marañón, 2011: 35). Por su parte, la Dirección General de Gobernanza Pública (2023) distingue dos funciones:

> *a) Constancia: aseguran la conservación de los actos de la Administración, acreditan sus efectos y garantizan el derecho de acceso y consulta a los mismos.*
> *b) Comunicación: sirven como medio de comunicación de los actos de la Administración al ciudadano y a otros organismos públicos.*

Si clasificamos los textos según el tipo de declaración que contienen, estos podrían ser 1) documentos administrativos de decisión, 2) documentos administrativos de transmisión, 3) documentos administrativos de constancia y 4) documentos administrativos de juicio (*ibidem*).

Los documentos administrativos de decisión son aquellos que recogen la voluntad de un organismo de la Administración y pueden ser a) acuerdos, cuando son decisiones que se emiten durante la tramitación de un procedimiento administrativo, antes de que este esté resuelto y b) resoluciones, que son documentos en los que aparecen las decisiones definitivas del organismo y se redactan a la finalización del procedimiento administrativo.

Los documentos administrativos de transmisión son escritos que comunican la existencia de un acto o de un hecho y pueden clasificarse, a su vez, atendiendo a la relación que existe entre el emisor y el destinatario del documento o en función de su contenido. Cuando atendemos a la relación entre emisor y destinatario diferenciaremos entre los textos internos, en los que el emisor y el destinatario pertenecen a la misma organización administrativa, y los textos externos, en los que el destinatario es una organización administrativa diferente o uno o varios ciudadanos. Por el contenido del documento diferenciamos:

- Notificaciones: son escritos dentro de un procedimiento administrativo que informan al interesado sobre una resolución o acuerdo alcanzado.

- Publicaciones: son escritos con los que se da a conocer una actuación de la Administración. Estos escritos aparecen en diarios oficiales, tablones de anuncios, etc.
- Comunicaciones: son escritos destinados a informar a los ciudadanos sobre los detalles y el estado de los procedimientos administrativos.

La Dirección General de Gobernanza Pública (2023) diferencia, en tercer lugar, documentos administrativos de constancia, cuyo objetivo es acreditar actos, hechos o efectos. Pueden ser:

- Actas: se trata de documentos que acreditan acuerdos, hechos o circunstancias.
- Certificados: son escritos que dan fe del contenido de un documento, de un hecho o de una circunstancia. Tiene que haber siempre registro de dicho documento, hecho o circunstancia.
- Certificados producidos por silencio administrativo: son escritos que emanan de un órgano administrativo con competencia para dictar un acto expreso en un proceso administrativo y que acredita la existencia y los efectos de un acto administrativo derivado de un silencio administrativo.

La clasificación acaba con los documentos administrativos de juicio (también llamados «informes»), que tienen como objetivo proporcionar datos, asesoramiento, valoraciones y opiniones que pueden ser de utilidad a la hora de tomar una decisión. También en este caso podemos clasificarlos 1) por la obligatoriedad de solicitarlos, 2) por la vinculación de su contenido y 3) por el órgano emisor.

En lo que se refiere a la obligatoriedad de solicitarlos, cuando existe una norma que exige que se soliciten se habla de informes preceptivos. Si no hay ninguna norma que obligue a que se haga la petición se trataría de informes facultativos.

Por su parte, en cuanto a la vinculación de su contenido, encontraremos informes vinculantes, si obligan al órgano administrativo a tomar una decisión en virtud del contenido del informe, o informes no vinculantes, que no obligan al órgano administrativo a tomar una decisión en función de su contenido.

En relación al órgano emisor, se puede diferenciar entre informes internos, que son aquellos escritos emitidos y solicitados por un órgano de la misma Administración, e informes externos, que son documentos emitidos para un órgano que no pertenece a la Administración que los emite (*ibidem*).

A la hora de enfrentarnos a la traducción o adaptación de un texto administrativo, una de las principales dificultades es la búsqueda de equivalencias, puesto que cada país cuenta con una legislación diferente. Para Vázquez (2015: 131), uno de los principales escollos en las traducciones administrativas es enfrentarse a documentos que provienen de una cultura origen con un ordenamiento jurídico diferente al de la cultura meta. En palabras de González Ruiz (1997: 160):

> *La supuesta ingenuidad y linealidad del lenguaje jurídico no es tal, ya que -antes que nada- hay que tener en cuenta que los textos de partida y de llegada van a pertenecer a sistemas y tradiciones (culturas, en definitiva) distintas, por lo que huelga decir que verter sin más las palabras de un idioma a otro sólo podrá dar lugar al más rotundo fracaso.*

Asimismo, al igual que pasaba con el lenguaje biosanitario (*c.f.* 4.1.), cuando el receptor del documento es una persona no familiarizada con los términos, no cualificada o un extranjero que puede, además, presentar carencias lingüísticas en su propio idioma, el traductor tendrá que traducir o adaptar el contenido a un nivel menos técnico y eliminar las dificultades que supongan problemas de comprensión para el receptor (Conde Antequera, 2009).

5.1. Dificultades del lenguaje de las administraciones públicas

Martorana (2019) defiende en su investigación la denominación del lenguaje de las administraciones públicas como «lenguaje jurídico-administrativo» y lo justifica en que el lenguaje administrativo deriva del jurídico dado que las Administraciones son organismos que pertenecen al poder ejecutivo y cuyo objetivo es hacer cumplir las leyes acordadas por el poder legislativo.

El Instituto Nacional de Administración Pública redactó en 1990 el *Manual de estilo del lenguaje administrativo*. En este manual, podemos leer (1990: 28):

> *[...] existen tantos lenguajes administrativos como sectores diferenciados hay en la Administración Pública. Por tanto, podemos hablar de un lenguaje administrativo fiscal, otro laboral, militar, diplomático, etc., cada uno de los cuales cuenta con un léxico específico, característico de la actividad concreta llevada a cabo en el sector, a manera de "subsistemas" que operan sobre un sistema común a todos ellos, que es el lenguaje administrativo general.*

Por su parte, el Ayuntamiento de Madrid, junto con la Universidad Rey Juan Carlos, publicó en 2008 un *Manual del Lenguaje Administrativo* en el que enumera y describe las principales dificultades e incorrecciones que presenta este lenguaje por escrito (2008: 42-77) y las divide en tres tipos:

1) dificultades e incorrecciones gramaticales,
2) dificultades e incorrecciones léxicas,
3) dificultades e incorrecciones ortográficas.

En lo que se refiere a las dificultades e incorrecciones gramaticales que se pueden encontrar en el lenguaje administrativo, el manual enumera las siguientes (*ibidem*):

a) Errores en el género y el plural de ciertos términos informáticos corrientes, como pueden ser «Internet» y «Web»;
b) Omisión del determinante obligatorio «el/un» en ciertas expresiones comunes. Por ejemplo, «Adjúntese formulario» (lo correcto es «Adjúntese el formulario»);
c) Falta de concordancia entre determinantes y sustantivos femeninos que empiezan por –a tónica o acentuada. Por ejemplo, «esta acta»;
d) Falta de concordancia entre los pronombres y sus referentes;
e) Uso del pronombre relativo «quien» para referirse a un organismo;
f) Uso excesivo de las formas anafóricas «el mismo/ la misma/ los mismos/ las mismas»;
g) Uso incorrecto de la expresión «que su», en lugar de «cuyo»;
h) Colocación del adjetivo antes o después del sustantivo, lo que supone un posible cambio en la interpretación que se haga del texto;
i) Uso excesivo de las locuciones prepositivas;

j) Utilización de la locución comparativa «así como» frente a la locución coordinada «y también»;
k) Uso incorrecto de la preposición «de» (dequeísmo y sinqueísmo);
l) Uso incorrecto de los pronombres personales «la(s), le(s) y lo(s)» (laísmo, leísmo y loísmo);
m) Uso incorrecto del gerundio. En este caso, conviene diferenciar dos gerundios que resultan incorrectos: 1) el gerundio especificativo y 2) el gerundio de posterioridad. El gerundio especificativo también se llama «gerundio del BOE» por los numerosos ejemplos que se puede encontrar en esta publicación de la Administración (*ibidem*). En este caso, el gerundio siempre va detrás del sustantivo al que se refiere y lo correcto sería utilizar una oración de relativo. Por ejemplo, la oración «Se ha ratificado una ley, conteniendo elementos importantes [...]», debería ser «Se ha ratificado una ley que contiene elementos importantes [...]». Por otro lado, el gerundio de posterioridad es aquel que se utiliza con dos acciones que no son simultáneas. Por ejemplo, «Trabajaron con los documentos, redactando la normativa final meses después»;
n) Uso incorrecto del infinitivo. Por ejemplo, «Por último, señalar que...»;
o) La utilización de infinitivos juntos cuando uno de ellos ya lleva suficiente carga semántica;
p) Uso abusivo de construcciones perifrásticas. Por ejemplo, «es de aplicación» en lugar de «aplicarse»;
q) Uso abusivo de la voz pasiva;
r) Uso de aforismos (Oliva Marañón, 2011).

Por su parte, en cuanto a las dificultades e incorrecciones de tipo léxico, destacan las siguientes (Ayuntamiento de Madrid, 2008: 42-77):

a) Uso abusivo de los términos con sufijo «-ente» y «-ante». Por ejemplo, «originariamente», «entidad solicitante»;
b) Errores en los plurales de algunas expresiones latinas;
c) Uso de la arroba como recurso integrador para hacer referencia al género masculino y femenino de la palabra;
d) Utilización innecesaria de términos muy largos que pueden sustituirse con facilidad por otros más cortos;

e) Problemas de precisión con el significado por desconocimiento de ciertos términos. Por ejemplo, en la oración «El pago del impuesto no *excluye* la obligación de pagar las sanciones» hubiese sido más correcto el verbo «eximir»,
f) Abuso de neologismos y extranjerismos;
g) Abuso de siglas para referirse a instituciones (Oliva Marañón: 2011).

Por último, las dificultades e incorrecciones relacionadas con la ortografía quedan, a su vez, divididas en los siguientes grupos: 1) puntación, 2) acentuación y 3) tipografía (Ayuntamiento de Madrid, 2008: 42-77).

En el primero de los apartados, el de la puntuación, se mencionan los aspectos que aparecen a continuación:

a) Uso incorrecto de la coma para separar el sujeto del verbo y el verbo del complemento directo;
b) Eliminación de la coma necesaria detrás de los conectores discursivos;
c) Eliminación de la coma necesaria cuando se invierte el orden lógico de la oración;
d) Uso incorrecto o eliminación de la coma en las oraciones de relativo. En este caso, la utilización de una coma puede cambiar el significado de la oración de relativo, transformando una oración de relativo especificativa en explicativa. Por ejemplo, la oración «El grupo visitó las instalaciones que estaban reformadas» no tiene el mismo significado si se añade una coma antes de la oración de relativo «El grupo visitó las instalaciones, que estaban reformadas». En el primero de los casos se trata de una oración de relativo especificativa y en el segundo en una oración de relativo explicativa;
e) Uso incorrecto de la coma, punto y coma y punto antes de los paréntesis y no después;
f) Uso incorrecto de la coma tras el cargo y antes del nombre de quien lo ostenta;
g) Utilización incorrecta del punto y coma en enumeraciones simples.

Dentro de las dificultades e incorrecciones en materia de acentuación, las más comunes serían las siguientes (*ibidem*):

a) Acentuación incorrecta de diptongos que se pronuncian habitualmente como hiatos. Por ejemplo, «incluido», que nunca debe llevar tilde;

b) Falta de acentuación en las letras mayúsculas;
c) Falta de acentuación de las formas verbales compuestas de verbo + pronombre enclítico. En el lenguaje administrativo es muy común verbos en formaciones esdrújulas y sobreesdrújulas que siempre deben ir acentuados. Por ejemplo, «indíquese», «notifíquese», «habiéndose», etc.;
d) Acentuación incorrecta de monosílabos que no llevan tilde. Por ejemplo, «vio», «dio», «fue»;
e) Errores en la acentuación diacrítica. Por ejemplo, «tú» y «tu», «sí» y «si»;
f) Falta de acentuación de las partículas interrogativas en las oraciones interrogativas indirectas;
g) Falta de acentuación de las abreviaturas. Las abreviaturas deben acentuarse en la misma letra en la que se tilda la palabra sin abreviar. Por ejemplo, para abreviar la palabra «página» lo correcto sería «pág.».

Finalmente, en cuanto a la tipografía, los textos administrativos pueden presentar las siguientes dificultades o incorrecciones (*ibidem*):

a) Utilización errónea de la mayúscula inicial en los nombres de los meses y los días de la semana;
b) Utilización errónea de la mayúscula tras el signo ortográfico de dos puntos. No obstante, tras los dos puntos sí se utilizará la mayúscula cuando se trate de una cita textual o cuando siga a la fórmula de encabezamiento de una carta o documento jurídico-administrativo;
c) Eliminación incorrecta de «de» antes de los nombres de calles, paseos y avenidas;
d) Puntuación incorrecta de las abreviaturas, a las que siempre debe seguir un punto. Por ejemplo, la abreviatura y puntuación correspondiente a la palabra «página» sería «pág.»;
e) Abreviatura incorrecta de «etcétera», que debe ser «etc.» y no debe ir seguida por tres puntos suspensivos;
f) Grafía incorrecta de los puntos suspensivos, que deben ser siempre tres, unidos a la palabra anterior y separados de la siguiente por un espacio;
g) Errores en la grafía de las siglas. Las siglas deben escribirse en mayúscula, con las letras juntas, sin separación por puntos. Por

ejemplo, «Documento Nacional de Identidad» se abrevia correctamente como «DNI»;

h) Errores a la hora de escribir cifras. Lo correcto no es utilizar el punto para indicar los millares y millones, sino separar la cifra en grupos de tres dígitos separados por un espacio. Por ejemplo, «8 632 482 euros»;

i) Grafía incorrecta del símbolo % junto a la cifra. Lo correcto es dejar un espacio entre la cifra y el símbolo. Por ejemplo, «85 %»;

j) El uso de la cursiva, la negrita o las comillas (Oliva Marañón, 2011).

6. La traducción y adaptación para la población inmigrante

Cases Berbel (2023: 55-57) señala que, desde el punto de vista lingüístico, es conveniente separar en dos grupos a los migrantes que llegan a España. Por un lado, estarían los hispanohablantes y, por otro, los no hispanohablantes. Apunta la autora que la razón para establecer esta separación es que la integración del primer grupo será más fácil y diferente a la del segundo grupo puesto que estos ya conocen el idioma y, además, según un barómetro realizado por el Centro de Investigaciones Sociológicas (CIS) en 2017 sobre la percepción del español hacia el inmigrante, el grupo que despierta más simpatía entre los españoles es el de los latinoamericanos.

No obstante, a pesar de compartir lazos lingüísticos y culturales, los inmigrantes hispanohablantes entran en contacto con una variedad diatópica del español distinta a la suya, lo que les puede ocasionar problemas a la hora de comunicarse, como emisor y como receptor (Sancho Pascual: 2013).

En cuanto al segundo de los grupos, el de no hispanohablantes, encontramos en su mayoría inmigrantes europeos (sobre todo rumanos), africanos (mayoritariamente marroquíes) y asiáticos (Cases Berbel, 2013: 57). En este caso, su integración se verá complicada por el hecho de que, en primer lugar, deben aprender la lengua para poder comunicarse.

De esta forma, para todas las personas que no dominan nuestra variante de la lengua española o la lengua española en general y que, en muchos casos, proceden de otras culturas, será conveniente realizar una traducción o adaptación que acabe con la asimetría y les permita comprender el texto en su totalidad. Para ello, la traducción o adaptación debe hacerse teniendo en cuenta tanto las dificultades que presenta el texto en la lengua de partida como las características del receptor de este mensaje, así como el objetivo final del texto. Solo tras este estudio podrán emplearse las técnicas adecuadas para paliar los posibles desfases que puedan existir entre emisores y destinatarios.

6.1. La traducción o adaptación del lenguaje biosanitario con lenguaje claro

La ley 16/2003 establece que todas las personas de nacionalidad española, los extranjeros residentes en España y aquellos no residentes ciudadanos de un país con el que exista un convenio bilateral en materia sanitaria pueden acceder al Sistema Nacional de Salud (SNS) español. No obstante, cualquier persona que no cumpla estos requisitos podrá hacer igualmente uso del SNS con el pago de la correspondiente contraprestación.

Por su parte, en virtud de la legislación existente, los migrantes no registrados ni autorizados que se encuentren en España podrán recibir la misma asistencia sanitaria que un ciudadano español y será la Administración competente la que se hará cargo del coste si se tratara de un ciudadano procedente de otro país de la Unión Europea, de un país con el que exista convenio bilateral, si no puede exportar su derecho a sanidad desde su país de origen o si no existiera un tercero con la obligación de asumir el pago.

Presentamos a continuación las principales dificultades que presenta el lenguaje biosanitario y cómo superarlas con las pautas establecidas sobre lenguaje claro (*c.f.* 2.1) o, en su caso, la lectura fácil (*c.f.* 1.1).

a) Dificultad propia del lenguaje biosanitario: los epónimos.
   - o Traducción o adaptación al lenguaje claro: los epónimos acaban convirtiéndose en términos como tales, por lo que no es necesario establecer la procedencia del término sino las características de la enfermedad, síndrome o proceso patológico o fisiológico.

b) Dificultad propia del lenguaje biosanitario: las abreviaturas, las siglas y los acrónimos.
   - o Traducción o adaptación al lenguaje claro: pueden evitarse utilizando su referente completo o, en caso de aparecer de forma repetida en un texto, incluir delante de la abreviatura, sigla o acrónimo su significado completo. Por ejemplo, «reanimación cardiopulmonar (RCP)». En lo que a lectura fácil se refiere, Plena Inclusión (2021: 23) recomienda escribir la palabra o el término completo y repetirlo cada vez que aparezca (*c.f.* 1.1.1.).

c) Dificultad propia del lenguaje biosanitario: los extranjerismos.
   - o Traducción o adaptación al lenguaje claro: la Real Academia Española, en su *Diccionario panhispánico de dudas* diferencia los

extranjerismos en 1) aquellos que son superfluos o innecesario y 2) aquellos necesarios o muy extendidos. De esta forma, para aquellos extranjerismos para los que existen equivalentes de uso cotidiano en español se debe priorizar esta alternativa y censurar la voz extranjera. En el segundo de los casos, los extranjerismos necesarios o muy extendidos para los que no existen equivalentes o son muy difíciles de encontrar, se utilizará el extranjerismo. Entre estos encontramos:
- términos que se utilizan en su forma original (como es el caso de *software*), es decir, extranjerismos crudos. Para marcar su carácter ajeno a la ortografía del español, lo recomendable es proceder a un resalte tipográfico con cursivas o comillas. No obstante, se prescindirá de este resalte tipográfico si el receptor del texto necesita, además, que la traducción o adaptación cumpla las pautas de la lectura fácil.
- términos adaptados. Pueden mantener la grafía original, pero con pronunciación y acentuación gráfica siguiendo las reglas del español. En este caso se considerará que se trata de un extranjerismo adaptado y no necesitará resalte tipográfico. En otros casos el término mantiene la pronunciación original pero su grafía se adapta a la española. Aleixandre-Benavent y Amador-Iscla (2010) presentan una serie de extranjerismos de uso frecuente en el ámbito biosanitario con una propuesta de equivalentes en español:

Tabla 3: Ejemplos de extranjerismos de uso frecuente. (Fuente: Aleixandre-Benavent & Amador-Iscla, 2010: 147)

Extranjerismo	**Término propuesto**	**Extranjerismo**	**Término propuesto**
abstract	resumen	nodal	ganglionar
addendum	apéndice, adenda	output	gasto
audits, auditación	auditoría	password	contraseña
autólogo	autógeno, autotrasplante	planning	planificación, programa

Extranjerismo	Término propuesto	Extranjerismo	Término propuesto
by-pass	anastomosis quirúrgica, derivación	pool	mezcla, unión, conjunto, grupo, remanso, reserva
clusters	conglomerados, agregados	randomizado	aleatorio
contraceptivo	anticonceptivo	rango (rank)	intervalo, amplitud, recorrido, límites
balance	equilibrio	ranking	clasificación, lista, categoría, posición
borderline	limítrofe, intermedio, fronterizo	rash	exantema, erupción cutánea
buffer	amortiguador	rate	tasa
click	chasquido	ratio	razón, proporción
core	centro, núcleo, corazón	relax	relajación, distensión, descanso
cribaje	cribado, selección	rol	papel, cometido, función
depleccionado	mermado, desprovisto, empobrecido	score	índice
dip	bache, bajón	screening	cribado, selección, detección sistemática
distress	angustia, sufrimiento, malestar, tensión	severo	serio, grave
DNA	adn	shock	choque

Extranjerismo	**Término propuesto**	**Extranjerismo**	**Término propuesto**
despistaje	selección, detección	shunt	derivación, cortocircuito, comunicación, anastomosis
dossier	expediente, informe	spray/espray	aerosol, atomizador, pulverizador
electroshock	electrochoque o choque eléctrico	staff	plantilla, personal, equipo técnico
emergencia	urgencia	stand	pabellón, puesto, caseta
esnifar	aunque admitido, se prefiere «inhalar»	standard	estándar (admitido)
fatal	mortal	stress	estrés, tensión, esfuerzo, agresión
feedback	retroalimentación	surmenage	sobrefatiga
half life	se prefiere «semivida» o «vida media»	tags	etiquetas
handicap	obstáculo, desventaja, minusvalía, impedimento, dificultad	test	prueba, examen, análisis, ensayo, experimento
hardware	equipo informático, soporte físico	tisular	hístico
host	anfitrión, huésped, servidor	training	adiestramiento, entrenamiento, perfeccionamiento
inmunocomplejos	complejos inmunes	trazas	indicios

Extranjerismo	**Término propuesto**	**Extranjerismo**	**Término propuesto**
kit	equipo, juego (de reactivos, por ejemplo)	versus	contra, frente a
lobar	lobular	workshop	seminario, reunión de trabajo, taller de trabajo

d) Dificultad propia del lenguaje biosanitario: los falsos amigos o falsos cognados.
   - o Traducción o adaptación al lenguaje claro: para evitar los falsos amigos o falsos cognados es necesario que el traductor tenga un buen conocimiento de la lengua origen y del tema sobre el que versa la traducción o adaptación. La utilización de falsos amigos puede hacer que el texto no tenga sentido o que se esté entendiendo algo diferente (Aleixandre-Benavent y Amador-Iscla, 2010: 146). Fernando Navarro y Francisco Hernández (1992, 1994) y Fernando Navarro (1995, 1996, 1996a) han publicado diferentes listas de falsos amigos procedentes del inglés, del francés y, en menor medida, del alemán. Aleixandre-Benavent y Amador Iscla (2010) las resumen en las siguientes tablas:

Tabla 4: Ejemplos de defectos de traducción por falsos amigos (Fuente: Aleixandre-Benavent & Amador Iscla, 2010: 148).

Término en inglés	Falso amigo	Traducción correcta
actual, actually	actual, actualmente	real, realmente
application	aplicación	solicitud
bulla	bulla	ampolla, vesícula
condition	condición	estado, afección, enfermedad

dramatic	dramático	impresionante, espectacular, considerable
pathology	patología	anatomía patológica
protrusion	protrusión	protuberancia, saliente
severe	severo	grave, intenso, fuerte
Término en francés	Falso amigo	Traducción correcta
bizarre	bizarro	extraño, raro
clampage	clampaje	pinzamiento
constipé	constipado	estreñido
despistage	despistaje	cribado
glande	glande	glándula
oreille	oreja	oído, oreja
tirage	tiraje	depresión respiratoria
ballon	balón	globo
cabinet	cabina	consultorio, consulta
charlatan	charlatán	curandero
collocation	colocación	clasificación
Término en alemán	Falso amigo	Traducción correcta
Abusus	abuso	toxicomanía, drogadicción
alt	alto	anciano, viejo, antiguo
Ambulanz	ambulancia	ambulatorio
Dose	dosis	lata
Herba	hierba	plantas medicinales

Hypertonie	hipertonía	hipertensión arterial
Labor	labor	laboratorio
Sodomie	sodomía	bestialismo, zoofilia

e) Dificultad propia del lenguaje biosanitario: utilización de la barra inclinada (/).
   - o Traducción o adaptación al lenguaje claro: la barra inclinada se suele utilizar en lenguaje biosanitario en la forma «y/o». Sin embargo, como ya hemos apuntado, la conjunción «o» puede utilizarse como disyunción inclusiva en español, por lo que sería suficiente. Para mayor claridad se puede añadir «o ambos». Este cambio también velaría por respetar los parámetros de lectura fácil, que defienden la eliminación de los signos de poco uso (*c.f.* 1.1.1.).

f) Dificultad propia del lenguaje biosanitario: los pleonasmos.
   - o Traducción o adaptación al lenguaje claro: tal y como ya hemos apuntado (*c.f.* 2.1), la Comisión Europea (2011) sugiere evitar las expresiones redundantes y la información repetida. Por este motivo, la recomendación sería eliminar el término que no aporta nada nuevo a la expresión. Así, en los ejemplos que aparecen a este respecto en el apartado 4.1. «antecedentes previos», «hemorragia sanguínea», lo más adecuado sería la eliminación de «previos» en el primero de los casos y de «sanguínea» en el segundo.

g) Dificultad propia del lenguaje biosanitario: el abuso de mayúsculas.
   - o Traducción o adaptación al lenguaje claro: corresponde al traductor evaluar el uso que se hace de las mayúsculas en los textos biosanitarios. En este sentido, si la mayúscula no está justificada siguiendo las normas de ortografía de la lengua meta, dicha mayúscula desaparecerá. Esta observación también es válida en la aplicación de los parámetros recomendados para la lectura fácil puesto que, como apunta García Muñoz (2012), esta no está reñida con la corrección ortográfica (*c.f.* 1.1.1).

h) Dificultad propia del lenguaje biosanitario: el abuso de gerundios.
   - o Traducción o adaptación al lenguaje claro: en primer lugar, el traductor deberá valorar si la utilización concreta de ese gerundio es

correcta o errónea. Tras esta valoración, la oración en lengua meta debe estar simplificada, no ocupar más de dos o tres líneas, con 20 palabras de media (Comisión Europea, 2011). En caso de, además, tener que producir un texto que cumpla los parámetros de lectura fácil, en el texto meta no aparecerá el gerundio y se respetará el orden lógico de la oración en lengua española, es decir sujeto + verbo + complementos (*c.f.* 1.1.1.).

i) Dificultad propia del lenguaje biosanitario: el abuso de la voz pasiva.
   - o Traducción o adaptación al lenguaje claro: las oraciones pasivas, por su disposición, pueden causar dificultades a la hora de reconocer el papel que desempeñan los elementos de la frase. Por este motivo, se recomienda favorecer la voz activa a la pasiva, respetar el orden lógico de la oración de sujeto + verbo + predicado y explicitar convenientemente el sujeto para que el lector reconozca con exactitud de quién se trata (Comisión Europea, 2011). Este planteamiento es el mismo que se defiende para un texto en lectura fácil.

j) Dificultad propia del lenguaje biosanitario: los circunloquios.
   - o Traducción o adaptación al lenguaje claro: en muchos casos, cuando el receptor del mensaje no comparte la cultura del emisor, la utilización de circunloquios dificulta la comprensión del texto. Por este motivo, se debe evitar usar términos abstractos y sustituirlos por términos concretos, así como descartar unidades fraseológicas especializadas (Comisión Europea, 2011). Además, en los parámetros de lectura fácil se recomienda evitar las palabras genéricas, carentes de significado real, y utilizar palabras con significado preciso, sin usar sinónimos o variaciones que puedan llevar a error al receptor del mensaje, así como sustituir las palabras polisémicas (García Muñoz, 2012).

k) Dificultad propia del lenguaje biosanitario: los solecismos.
   - o Traducción o adaptación al lenguaje claro: en el caso del uso erróneo de una expresión o una construcción con sintaxis incorrecta en el texto original, ya sea por falta de concordancia (solecismo de concordancia), por uso incorrecto de preposiciones (solecismo de régimen) o problemas en la composición de la oración (solecismo de construcción), corresponde al traductor identificar el solecismo en

el texto origen y producir un texto meta en el que quede subsanado el error cometido por el emisor del mensaje.

6.2. La traducción o adaptación del lenguaje administrativo con lenguaje claro

En España los migrantes deberán regularizar su situación en extranjería con un permiso de residencia o protección internacional o temporal, lo que les lleva a tener que enfrentarse a documentación administrativa. De hecho, CEAR (2023) cifra en 118.842 las personas que solicitaron asilo en España en 2022, lo que convierte al país en el tercer país europeo con más solicitudes, por detrás de Alemania y Francia. A esta cifra hay que sumar la protección temporal concedida a 161.037 personas procedentes de Ucrania.

Asimismo, en España, la educación primaria y secundaria son obligatorias (Ley Orgánica 2/2006). Por lo tanto, los padres migrantes deberán cumplimentar la documentación administrativa necesaria para que sus hijos accedan a un centro escolar.

Es indiscutible el apoyo lingüístico que necesita la población inmigrante cuando debe realizar algún trámite en la administración pública. Por este motivo, presentamos, a continuación, las principales dificultades que presenta el lenguaje administrativo y cómo superarlas con las pautas establecidas sobre lenguaje claro (*c.f.* 2.1) o, en su caso, la lectura fácil (*c.f.* 1.1). Seguiremos la división en tres tipos presentada en el *Manual del Lenguaje Administrativo* del Ayuntamiento de Madrid y la Universidad Rey Juan Carlos de 2008 (*c.f.* 6.2.):

1) Dificultades e incorrecciones de tipo gramatical:

a) Dificultad propia del lenguaje administrativo: errores en el género y el plural de ciertos términos informáticos corrientes, omisión del determinante obligatorio «el/un» en ciertas expresiones comunes, falta de concordancia entre determinantes y sustantivos femeninos que empiezan por «–a» tónica o acentuada, falta de concordancia entre los pronombres y sus referentes, uso del pronombre relativo «quien» para referirse a un organismo, uso excesivo de las formas anafóricas «el mismo/ la misma/ los mismos/ las mismas», uso incorrecto de la expresión «que su», en lugar de «cuyo», colocación del adjetivo antes o después del sustantivo (lo que supone un posible cambio en la interpretación que se haga del texto), uso excesivo de las locuciones prepositivas, abuso de la locución comparativa «así como», uso incorrecto de la preposición «de» (dequeísmo y sinqueísmo), uso incorrecto de los pronombres personales «la(s), le(s) y lo(s)» (laísmo, leísmo y loísmo).

- o Traducción o adaptación al lenguaje claro: en estos casos corresponde al traductor, con su conocimiento del idioma y de la cultura de origen, identificar estos errores y paliarlos en su traducción o adaptación. Para ello utilizará oraciones sencillas, evitará la utilización de binomios y trinomios, así como los falsos cognados y las unidades fraseológicas especializadas (Comisión Europea, 2011). En cuanto a los requisitos de lectura fácil, el traductor mantendrá la corrección ortográfica y las reglas gramaticales según las normas generales del español, pero evitará las estructuras complejas, las perífrasis y las palabras polisémicas (García Muñoz, 2012).

b) Dificultad propia del lenguaje administrativo: el uso incorrecto del gerundio.
   - o Traducción o adaptación al lenguaje claro: tanto en el caso del gerundio especificativo como en el caso del gerundio de posterioridad (*c.f.* 6.2.), lo más adecuado sería prescindir de ellos. En el primero de los casos se puede sustituir con una oración de relativo y en el segundo con una construcción diferente que explicite que una opción sucedió detrás de la otra. Estas recomendaciones estarían en consonancia con los parámetros establecidos en la lectura fácil, que desaconsejan las oraciones subordinadas de gerundio (García Muñoz, 2012).

c) Dificultad propia del lenguaje administrativo: el uso incorrecto del infinitivo.
   - o Traducción o adaptación al lenguaje claro: el uso incorrecto del infinitivo puede identificarse en ejemplos como «Por último, señalar que...» o cuando se utilizan dos infinitivos juntos cuando uno de ellos ya tiene suficiente carga semántica. En este sentido, sería importante que para la redacción en la lengua meta se respetara el orden lógico de la oración y, además, se explicitara siempre el sujeto para que el receptor sepa de quién se trata. En el caso de

infinitivos que aparecen juntos cuando uno de ellos tiene suficiente carga semántica, se evitará la redundancia y las expresiones abstractas (Comisión Europea, 2011). La lectura fácil también propone prescindir de estructuras que puedan llevar a error al receptor, evitar las oraciones impersonales y las subordinadas de infinitivo y eliminar expresiones que generen confusión (García Muñoz, 2012).

d) Dificultad propia del lenguaje administrativo: el abuso de construcciones perifrásticas.
   - o Traducción o adaptación al lenguaje claro: las construcciones perifrásticas, tan habituales en el lenguaje administrativo, deben identificarse y sustituirse en la traducción o adaptación por expresiones que puedan comprenderse con facilidad. En esta misma línea se posiciona la lectura fácil (*ibidem*), que, además, apunta a su sustitución por expresiones habituales y a la utilización de pronombres enclíticos que se usan con frecuencia en la lengua oral.

e) Dificultad propia del lenguaje administrativo: el abuso de la voz pasiva.
   - o Traducción o adaptación al lenguaje claro: las oraciones pasivas, por su disposición, pueden causar dificultades a la hora de reconocer el papel que desempeñan los elementos de la frase. Por este motivo, se recomienda favorecer la voz activa a la pasiva, respetar el orden lógico de la oración de sujeto, verbo y predicado y explicitar convenientemente el sujeto para que el lector reconozca con exactitud de quién se trata (Comisión Europea, 2011). Este planteamiento es el mismo que se defiende para un texto de lectura fácil.

f) Dificultad propia del lenguaje administrativo: el uso de aforismos.
   - o Traducción o adaptación al lenguaje claro: los aforismos dificultan la comprensión del texto tanto a nativos como a inmigrantes. Por este motivo deben evitarse en la medida de los posible, igual que se hace con las unidades fraseológicas especializadas o con los extranjerismos (Comisión Europea, 2011). En cuanto a lo requerido para hacer de la traducción o adaptación un texto de lectura fácil, García Muñoz (2012) señala que se recomienda evitar jergas y xenismos, así como el lenguaje figurado, las metáforas, los proverbios, las palabras que expresen juicios de valor o las expresiones que lleven a confusión.

2) Dificultades e incorrecciones de tipo léxico:

a) Dificultad propia del lenguaje administrativo: el abuso de los términos con los sufijos «-ente» y «-ante», errores en los plurales de algunas expresiones latinas.
   o Traducción o adaptación al lenguaje claro: es labor del traductor identificar estos términos, así como la expresión de la que pueden formar parte y proceder a su sustitución por unidades sencillas, sin términos abstractos que dificulten la comprensión. Igualmente, se recomienda eliminar la nominalización, muy frecuente en el lenguaje administrativo, y favorecer el uso de verbos y de adjetivos (Comisión Europea, 2011). Por su parte, dentro de los requisitos establecidos para la lectura fácil, se sustituirán por palabras que no sean polisémicas, que no presenten problemas de pronunciación y que se utilicen con frecuencia en la lengua oral. También se eliminarán los adverbios que acaben en «-mente», salvo que su uso sea muy habitual o resulten imprescindibles. (García Muñoz, 2012).
b) Dificultad propia del lenguaje administrativo: el uso de la arroba como recurso integrador para hacer referencia al género masculino y femenino de la palabra.
   o Traducción o adaptación al lenguaje claro: el símbolo de la arroba puede resultar extraño para un inmigrante cuando lo encuentra dentro de una palabra. Se puede pensar, en un primer momento, que explicitar el sujeto en femenino y masculino sería lo correcto, pero conviene recordar que se deben respetar siempre las normas lingüísticas en el lenguaje claro y, a este respecto, la Real Academia Española (2019) es tajante:

> *Este tipo de desdoblamientos son artificiosos e innecesarios desde el punto de vista lingüístico. En los sustantivos que designan seres animados existe la posibilidad del uso genérico del masculino para designar la clase, es decir, a todos los individuos de la especie, sin distinción de sexos [...].*
>
> *La mención explícita del femenino solo se justifica cuando la oposición de sexos es relevante en el contexto. [...] La actual tendencia al desdoblamiento indiscriminado del sustantivo en su forma masculina y femenina va contra el principio de economía del lenguaje y se funda en razones extralingüísticas. Por tanto, deben evitarse estas repeticiones,*

que generan dificultades sintácticas y de concordancia, y complican innecesariamente la redacción y lectura de los textos.

Así pues, se respetarán las normas lingüísticas y se eliminará la arroba, un símbolo de poco uso del que debe prescindirse en la lectura fácil con esta intención (García Muñoz, 2012).

c) Dificultad propia del lenguaje administrativo: la utilización innecesaria de términos muy largos.
   o Traducción o adaptación al lenguaje claro: en este caso se deben priorizar los términos más cortos de fácil comprensión para el público general. Se procurará eliminar la nominalización, frecuente en el lenguaje administrativo, y favorecer el uso de verbos o adjetivos (Comisión Europea, 2011). Asimismo, para la lectura fácil también se hace hincapié en el número de sílabas de la palabra, pues una palabra con pocas sílabas será más comprensible. De ser posible, se utilizarán términos de la lengua oral, que no presenten una pronunciación muy complicada y con un significado preciso (García Muñoz, 2012).
d) Dificultad propia del lenguaje administrativo: problemas de precisión con el significado por desconocimiento de ciertos términos.
   o Traducción o adaptación al lenguaje claro: la Comisión Europea (2011) nos recuerda la necesidad de que el texto sea un texto breve y sencillo. Por lo tanto, el traductor debe inferir cuál es la intención y el mensaje del texto origen y crear un texto meta preciso, que no contenga falsos cognados, unidades fraseológicas especializadas o acrónimos, que elimine la nominalización y priorice verbos y adjetivos y que mantenga la coherencia y la cohesión con oraciones simples (*ibidem*). En la lectura fácil será prioritario utilizar términos que tengan un significado preciso, con un número reducido de sílabas y, de ser posible, que se utilicen con regularidad en la lengua oral (García Muñoz, 2012).
e) Dificultad propia del lenguaje administrativo: el abuso de neologismos y extranjerismos.
   o Traducción o adaptación al lenguaje claro: el lenguaje jurídico es muy propenso a utilizar palabras procedentes de otros idiomas. Para obtener un texto meta con lenguaje claro y que sea de lectura fácil, en aquellos extranjerismos para los que existan equivalentes

de uso cotidiano en español se priorizará la alternativa en español y se censurará la voz extranjera. En el caso de los extranjerismos necesarios o muy extendidos para los que no existen equivalentes o son muy difíciles de encontrar, se utilizará el extranjerismo crudo o adaptado, con resalte tipográfico si procede (Comisión Europea, 2011; García Muñoz, 2012).

f) Dificultad propia del lenguaje administrativo: el abuso de siglas para referirse a instituciones.
   - o Traducción o adaptación al lenguaje claro: pueden evitarse utilizando su referente completo o, en caso de aparecer de forma repetida en un texto, incluir delante de la abreviatura, sigla o acrónimo su significado completo. En lo que a lectura fácil se refiere, Plena Inclusión (2021: 23) recomienda escribir el término completo y repetirlo cada vez que aparezca (*c.f.* 1.1.1.).

3) Dificultades e incorrecciones de tipo ortográfico:

a) Dificultad propia del lenguaje administrativo: los errores de puntuación. Concretamente, en los textos administrativos se aprecia un uso incorrecto de la coma para separar el sujeto del verbo y el verbo del complemento directo, la eliminación de la coma necesaria detrás de los conectores discursivos, la eliminación de la coma necesaria cuando se invierte el orden lógico de la oración, el uso incorrecto o la eliminación de la coma en las oraciones de relativo, el uso incorrecto de la coma, punto y coma y punto antes de los paréntesis, el uso incorrecto de la coma tras el cargo y antes del nombre de quien lo ostenta y la utilización incorrecta del punto y coma en enumeraciones simples.
   - o Traducción o adaptación al lenguaje claro: el texto meta debe respetar siempre las normas ortográficas. Así pues, corresponde al traductor subsanar en el texto meta los errores de puntuación que aparezcan en el texto original. En lo que respecta a la lectura fácil, se recuerda que la puntuación sirve para ordenar mejor las ideas que se quieren expresar. No obstante, se desaconseja el uso de punto y seguido en favor del punto y aparte. De este modo, se podrán separar las ideas, lo que hace la llegada de información más fácil. Igualmente, se debe evitar el uso de puntos suspensivos, así como

de comas, que se sustituirán por puntos, a no ser que haya una enumeración. Sin embargo, el uso de los dos puntos sí es aconsejable para dejar claro quién habla y para completar las ideas (García Muñoz, 2012).

b) Dificultad propia del lenguaje administrativo: los errores de acentuación. Entre ellos, destacan la acentuación incorrecta de diptongos que se pronuncian habitualmente como hiatos, la falta de acentuación en las letras mayúsculas, la falta de acentuación de las formas verbales compuestas con pronombre enclítico, la acentuación incorrecta de monosílabos que no llevan tilde, los errores en la acentuación diacrítica, la falta de acentuación de las partículas interrogativas en oraciones interrogativas indirectas y la falta de acentuación de las abreviaturas.
   - o Traducción o adaptación al lenguaje claro: una vez más, corresponde al traductor identificar los errores de acentuación que aparecen en el texto origen y no reproducirlos en el texto meta. En este sentido, se recuerda que la corrección ortográfica no está reñida con la lectura fácil (García Muñoz, 2012).

c) Dificultad propia del lenguaje administrativo: los errores tipográficos, como son la utilización errónea de la mayúscula inicial en los nombres de los meses y los días de la semana, la utilización errónea de la mayúscula tras el signo ortográfico de dos puntos, la eliminación incorrecta de «de» antes de los nombres de calles, paseos y avenidas, la puntuación incorrecta de las abreviaturas, la abreviatura incorrecta de «etcétera», la grafía incorrecta de los puntos suspensivos y errores en la grafía de la siglas.
   - o Traducción o adaptación al lenguaje claro: será labor del traductor identificar los errores tipográficos que aparecen en el texto origen y no reproducirlos en el texto meta. En cuanto a la lectura fácil, la corrección tipográfica ayudará a la comprensión del texto (García Muñoz, 2012).

d) Dificultad propia del lenguaje administrativo: los errores en la presentación de cifras y símbolos.
   - o Traducción o adaptación al lenguaje claro: el traductor identificará los errores que aparecen en el texto origen y los subsanará en el texto meta. A este respecto conviene recordar que lo correcto no es utilizar el punto para indicar los millares y millones sino separar

la cifra en grupos de tres dígitos separados por un espacio y que el símbolo % no debe seguir inmediatamente a la cifra sino con un espacio entre la cifra y el símbolo (*c.f.* 5.1.). En lectura fácil se favorece la escritura del número en cifras y, en caso de que sea una cifra alta, se puede redondear el número para evitar confusión o utilizar determinantes incontables, como «muchos», «pocos», «algunos», etc. Los números de teléfono se escribirán de la manera habitual, se prescindirá del sistema de numeración romano y, a la hora de escribir fechas, se hará de forma completa, sin eliminar el nombre del día (García Muñoz, 2012).

7. Reflexiones finales

La sociedad en la que vivimos tiene presente, más que ninguna otra época, la diversidad y las diferentes necesidades de cada persona. Acorde a esto, las personas con dificultades cognitivas, ya sea por una discapacidad o por una falta de conocimiento del idioma o la cultura, han adquirido un mayor protagonismo dentro de nuestra sociedad. Como consecuencia, se procura darles las mismas oportunidades que a los demás, ya que aportan valor y diversidad al mundo en el que vivimos. Para que puedan participar en igualdad de condiciones en las actividades cotidianas, la comprensión del lenguaje, tanto oral como escrito, resulta vital. Por ello, debemos potenciar y fomentar el uso de la lectura fácil y el lenguaje claro, dos términos que, teniendo similitudes, no se deben confundir, como hemos explicado a lo largo de esta obra. Mientras que la lectura fácil está pensada para personas con discapacidad intelectual o migrantes sin o con pocos conocimientos de la lengua, el lenguaje claro se centra en acercar al común de la ciudadanía a un lenguaje especializado.

La accesibilidad a los servicios públicos es un derecho y, en algunos casos, una obligación de todos los ciudadanos, independientemente de sus capacidades. Por este motivo, la traducción o adaptación de textos a la lectura fácil o al lenguaje claro debe realizarse atendiendo tanto al objetivo del texto original como a las capacidades de los receptores de dicho texto. Para ello, el conocimiento de los problemas que pueden presentar los lenguajes de los servicios públicos y de las pautas a seguir para transformar un texto en lectura fácil o lenguaje claro resulta imprescindible en la tarea de hacer conocedor y partícipe al receptor del mensaje.

Bibliografía

AbilityNet. (2023). *About AbilityNet.* Obtenido de Our History: https://abilitynet.org.uk/about/our-history

AbilityNet. (2023a). *Digital Accessibility Products and Services.* Obtenido de https://abilitynet.org.uk/accessibility-services/products-and-services

Aleixandre-Benavent, R. & Amador Iscla, A. (2010). Problemas del lenguaje médico actual (I): Extranjerismos y falsos amigos. *Papeles Médicos, 10 (3)*, 144-149.

Aleixandre-Benavent, R. *et al.* (2015). Utilización adecuada del lenguaje médico: principales problemas y soluciones. *Revista clínica española, 215 (7)*, 396-400.

Aleixandre-Benavent, R. *et al.* (2017). Características del lenguaje médico actual en los artículos científicos. *Educación Médica.* Obtenido de https://riunet.upv.es/bitstream/handle/10251/110327/A_2017-Caracteri&%23769sticas%20del%20lenguaje%20me&%23769dico-Educacion%20Medica.pdf?sequence=1

ALF. (2017). *Asociación Lectura Fácil.* Obtenido de La Red de Lectura Fácil presenta su logo: https://www.lecturafacil.net/es/news/la-red-de-lectura-facil-presenta-su-logo/

ALF. (2022). *Asociación de Lectura Fácil.* Obtenido de La LF en la Escuela de verano de Universidad de Cádiz: https://www.lecturafacil.net/es/news/1-la-lf-en-la-escuela-de-verano-de-universidad-de-/

Alonso Baixeras, P. *et al.* (2005). *Constitución Europea fácil.* Obtenido de www.famp.es/export/sites/famp/.galleries/documentos-general/constitucion_europea_facil.pdf

Alonso-Jiménez, Lianet; Salmerón-Pérez, Honorio & Azcuy-Moranea, Arelys Beatriz. (2008). La competencia cognoscitiva como configuración psicológica de la personalidad. Algunas distinciones conceptuales. *Revista Mexicana de Investigación Educativa, 13*(39), 1109-1137.

ANECA. (2004). *Libro Blanco.* Obtenido de Título de Grado en Traducción e Interpretación: https://www.aneca.es/documents/20123/63950/libroblanco_traduc_def.pdf/c597839f-973e-5e7c-86b1-e61dea66c628?t=1654601712731

ANETI. (2022). *Asociación Nacional de Empresas de Traducción e Interpretación*. Obtenido de Los estudios de traducción e interpretación en España: https://aneti.es/los-estudios-de-traduccion-e-interpretacion-en-espana/

Anula, A. (2005). *El Quijote de la Mancha de Miguel de Cervantes*. Obtenido de https://planetafacil.plenainclusion.org/wp-content/uploads/2019/05/El-Quijote.pdf

Asociación de Lectura Fácil. (2023). *Descubre los libros LF*. Obtenido de http://www.lecturafacil.net/es/

Ayuntamiento de Madrid & URJC. (2008). *Manual del Lenguaje Administrativo del Ayuntamiento de Madrid*. Obtenido de https://www.madrid.es/UnidadesDescentralizadas/Calidad/Publicaciones/Ficheros/TecnicasDeComunicacionEscrita2.pdf

Badenius, J. (2015). *Hur lättläst är en lättläst text?* Obtenido de http://umu.diva-portal.org/smash/get/diva2:821864/FULLTEXT01.pdf

Baedecke, B. & Sundin, M. (2002). Plain Language in Sweden: a Progress Report. *The Fourth Biennial Conference of the PLAIN Language Association International*. Toronto.

Balmford, C. (2020). *International Plain Language Federation*. Obtenido de ISO Plain Language Standard: https://www.iplfederation.org/an-iso-plain-language-standard/

Bredel, U. & Maass, C. (2016). *Leichte Sprache. Theoretische Grundlagen, Orientierung für die Praxis*. Berlín: Dudenverlag.

Bundesamt für Justiz. (2022). *Bundesamt für Justiz*. Obtenido de Gesetz zur Gleichstellung von Menschen mit Behinderungen (Behindertengleichstellungsgesetz - BGG): https://www.gesetze-im-internet.de/bgg/__11.html

Büro für Leichte Sprache. (2023). *Geschichte der Leichten Sprache*. Obtenido de Wie fing es mit Leichter Sprache an?: https://www.leicht-macht-mut.de/index.php/was-ist-leichte-sprache/geschichte-der-leichten-sprache

Cabré, T. (2004). *Manual de documentación y terminología para la traducción especializada*. Madrid: Arco.

Carretero González, C. & Fuentes Gómez, J.C. (2019). La claridad del lenguaje jurídico. *Revista del Ministerio Fiscal, 8*, 7-40.

Cases Berbel, E. (2023). *Turismo, flujos migratorios y lengua*. Berna: Peter Lang.

CEAR. (2023). *España es el tercer país con más solicitudes de asilo y tercero con menor reconocimiento de la UE*. Obtenido de https://www.cear.es/datos-asilo-2022/#:~:text=CEAR%20ha%20analizado%20los%20datos,detr%C3%A1s%20de%20Alemania%20y%20Francia

Centro para el Control y la Prevención de Enfermedades. (2016). *Cómo comunicarse con las personas con discapacidades y cómo referirse a ellas*. Obtenido de https://www.cdc.gov/ncbddd/spanish/disabilityandhealth/documents/People-First-Language-sp-h.pdf

Chomsky, N. (1970). *Aspectos de la teoría de la sintaxis*. Madrid: Aguilar.

Cobos López, I. (2019). Traducir para el paciente: acercamiento y adaptación como modalidad de traducción. *Cuaderns de Filologia - Estudis Lingüístics, vol. 24*, 211-228.

Cobos López, I. (2021). La medicina gráfica como herramienta para la traducción y la adaptación de textos biosanitarios. *Mutatis Mutandis. Revista Latinoamericana de Traducción, vol. 14, núm.* 2, 397-426.

Comisión de Modernización. (2011). *Informe de la Comisión de modernización del lenguaje jurídico*. Obtenido de Ministerio de Justicia: https://lenguajeadministrativo.com/wp-content/uploads/2013/05/cmlj-recomendaciones.pdf

Comisión Europea. (2011). *How to write clearly*. Luxemburgo: Publications Office of the EU. Obtenido de https://data.europa.eu/doi/10.2782/29211

Comisión Europea. (2021). *Employment, Social Affairs & Inclusion*. Obtenido de Union of equality: Strategy for the rights of persons with disabilities 2021-2030: https://ec.europa.eu/social/main.jsp?catId=1484&langId=en

Conde Antequera, J. (2009). *Lenguaje administrativo y derecho. El lenguaje como aspecto de la actividad administrativa*. Navarra: Aranzadi.

Consejo de Europa. (2001). *Marco Común Europeo de Referencia para las Lenguas: aprendizaje, enseñanza, evaluación*. Obtenido de https://cvc.cervantes.es/ensenanza/biblioteca_ele/marco/cvc_mer.pdf

Consejo de Universidades. (1988). *Libro Verde sobre la creación de la licenciatura en Traducción e Interpretación*.

De la Peña, L. (2020). El lenguaje de la transparencia y la transparencia del lenguaje: uso y control económico-administrativo del lenguaje. *Sociedad y Discurso, 14*, 69-80.

Del Pino, J. (1999). La interpretación de conferencias. *Cuadernos del Lazarillo, Revista literaria y cultural, vol. 16*, 59-65.

Discapnet. (2023). Obtenido de Accesibilidad de comunicación: https://www.discapnet.es/vida-independiente/accesibilidad-de-comunicacion

Dirección General de Administración Pública (2023). *Documentos Administrativos.* Obtenido de https://administracion.gob.es/pag_Home/espanaAdmon/Publicaciones-oficiales-y-documentos-administrativos/Documentos-Administrativos-basica.html

EUR-Lex. (2003). *Acuerdo Interinstitucional — "Legislar mejor".* Obtenido de https://eur-lex.europa.eu/legal-content/ES/TXT/HTML/?uri=CELEX:32003Q1231(01)&from=ET

EUR-Lex. (2019). *Directiva (UE) 2019/882 del Parlamento Europeo y del Consejo, de 17 de abril de 2019, sobre los requisitos de accesibilidad de los productos y servicios (Texto pertinente a efectos del EEE).* Obtenido de https://eur-lex.europa.eu/legal-content/ES/TXT/?uri=CELEX:32019L0882

Europapress. (2023). *El Gobierno lanza un decálogo del lenguaje claro para hacer más comprensible los trámites administrativos.* Obtenido de https://www.europapress.es/economia/noticia-gobierno-lanza-decalogo-lenguaje-claro-hacer-mas-comprensible-tramites-administrativos-20230309145003.html

FEAPS. (2002). *Estatutos.* Obtenido de http://bases.cortesaragon.es/bases/NDocumen.nsf/0/43b08f16c4134814c12574520032564c/$FILE/FEAPS.pdf

Fuden inclusiva. (2023). *¿Qué son los Nooc?* Obtenido de https://www.fuden.es/fuden-inclusiva/nooc/#:~:text=Las%20siglas%20Nooc%20vienen%20del,de%20internet%20de%20acceso%20gratuito

García Muñoz, Ó. (2012). *Lectura fácil: métodos de redacción y evaluación.* Madrid: Real Patronato sobre Discapacidad y Ministerio de Sanidad, Servicios Sociales e Igualdad.

García Muñoz, Ó. (2014). *Lectura fácil.* Ministerio de Educación y Formación Profesional.

García-Izquierdo, I. & Montalt Resurrecció, V. (2013). Equigeneric and intergeneric translation in patient-centred care. *Hermes, Journal of Language and Communication in Business, 26 (51)*, 39-51.

García-Izquierdo, I. & Muñoz-Miquel, A. (2015). Los folletos de información oncológica en contextos hospitalarios: la perspectiva de pacientes y profesionales sanitarios. *Panace@ 16 (42)*, 225-231.

Gobierno de Canarias (1988). *BOC.* Obtenido de DECRETO 127/1988, de 1 de agosto, por el que se autoriza la creación de la Escuela Universitaria de Traductores e Intérpretes en la Universidad Politécnica de Canarias: http://www.gobiernodecanarias.org/boc/1988/124/boc-1988-124-003.pdf

Gobierno de España. (1970). *BOE.* Obtenido de Ley 14/1970, de 4 de agosto, General de Educación y Financiamiento de la Reforma Educativa: https://www.boe.es/boe/dias/1970/08/06/pdfs/A12525-12546.pdf

Gobierno de España. (1972). *BOE.* Obtenido de Decreto 2549/1972, de 18 de agosto, por el que se crea, con carácter experimental, la Escuela Universitaria de Idiomas en la Universidad Autónoma de Barcelona: https://www.boe.es/boe/dias/1972/09/22/pdfs/A17170-17171.pdf

Gobierno de España. (1979). *BOE.* Obtenido de Real Decreto 2572/1979, de 14 de septiembre, por el que se transforma el actual Instituto de Idiomas, dependiente de la Universidad de Granada, en Escuela Universitaria de Traductores e Intérpretes, integrada en dicha Universidad: https://www.boe.es/eli/es/rd/1979/09/14/2572

Gobierno de España. (1983). *BOE.* Obtenido de Orden de 14 de julio de 1983 por la que se aprueba el Plan de Estudios de la Escuela Universitaria estatal de Traductores e Intérpretes de Granada, dependiente de la Universidad de Granada: https://www.boe.es/boe/dias/1983/09/03/pdfs/A24360-24360.pdf

Gobierno de España. (1985). *BOE.* Obtenido de Orden de 20 de abril de 1985 por la que se modifica el plan de estudios de la Escuela Universitaria de Traductores e Intérpretes de Granada, dependiente de la Universidad de Granada, aprobado por Orden de 14 de julio de 1983: https://www.boe.es/boe/dias/1985/08/10/pdfs/A25437-25438.pdf

Gobierno de España. (1991). *BOE.* Obtenido de Real Decreto 1385/1991, de 30 de agosto, por el que se establece el título universitario oficial de Licenciado en Traducción e Interpretación y las directrices generales propias de los planes de estudio conducentes a la obtención de aquél: https://www.boe.es/eli/es/rd/1991/08/30/1385

Gobierno de España. (2003). *BOE*. Obtenido de Ley 16/2003, de 28 de mayo, de cohesión y calidad del Sistema Nacional de Salud: https://www.boe.es/eli/es/l/2003/05/28/16/con

Gobierno de España. (2006). *BOE*. Obtenido de Ley Orgánica 2/2006, de 3 de mayo, de Educación: https://www.boe.es/eli/es/lo/2006/05/03/2/con

Gobierno de España. (2007). *BOE*. Obtenido de Real Decreto 1393/2007, de 29 de octubre, por el que se establece la ordenación de las enseñanzas universitarias oficiales: https://www.boe.es/eli/es/rd/2007/10/29/1393/con

Gobierno de España. (2021). *BOE*. Obtenido de Ley 8/2021, de 2 de junio, por la que se reforma la legislación civil y procesal para el apoyo a las personas con discapacidad en el ejercicio de su capacidad jurídica: https://www.boe.es/buscar/act.php?id=BOE-A-2021-9233#top

Gobierno de España. (2009). *BOE*. Obtenido de Ley 12/2009, de 30 de octubre, reguladora del derecho de asilo y de la protección subsidiaria: https://www.boe.es/eli/es/l/2009/10/30/12/con

González Ruiz, V. (1997). Apuntes sobre la traducción al español del inglés jurídico. (El concepto de claridad en los textos legales). *Revista de Lenguas para fines específicos, 4*, 157-172.

Haarmann, H. (1990). *Universalgeschichte der Schrift*. Frankfurt am Main: Campus.

Hymes, D. H. (1995). Acerca de la competencia comunicativa. En L. e. al., *Competencia comunicativa. Documentos básicos en la enseñanza de lenguas extranjeras* (págs. 27-47). Madrid: Edelsa.

IFLA. (2010). *Guidelines for easy-to-read materials*. La Haya: International Federation of Library Associations and Instituions (IFLA).

IFLA. (2012). *Directrices para materiales de lectura fácil*. Obtenido de www.ifla.org/wp-content/uploads/2019/05/assets/hq/publications/professional-report/120-es.pdf

IFLA. (2023). *Federación Internacional de Asociaciones de Bibliotecarios y Bibliotecas*. Obtenido de About us: https://www.ifla.org/about/)

ILF. (2017). *Lenguaje Claro. Comprender y hacernos entender.* Obtenido de https://repositorio.comillas.edu/jspui/retrieve/73454/GUIA%20DEF%20LENGUAJE%20CLARO.PDF

ILF. (2021). *Dossier presentación.* Obtenido de ¿quiénes somos?: www.institutolecturafacil.org/wp-content/uploads/2021/02/DossierILF2021.pdf

ILF. (2022). *Avanzamos en nuestra colaboración con el Laboratorio de Innovación Social de la Universidad de La Laguna.* Obtenido de Avanzamos en nuestra colaboración con el Laboratorio de Innovación Social de la Universidad de La Laguna

ILF. (2023). *Instituto Lectura Fácil.* Obtenido de Conoce el Instituto: https://www.institutolecturafacil.org/conoce-el-instituto/

Inclusion Europe. (2023). *Vision, mission and values.* Obtenido de http://www.inclusion-europe.eu/about-us/

INE. (2023). *Instituto Nacional de Estadística.* Obtenido de Estadística continua de población (ECP) a 1 de abril de 2023: https://www.ine.es/daco/daco42/ecp/ecp0123.pdf

Inklusiv. (2023). *Leichte Sprache in anderen Ländern.* Obtenido de https://inklusiv.online/ratgeber/leichte-sprache-in-anderen-laendern

Instituto Nacional de Administración Pública. (1990). *Manual de estilo del lenguaje administrativo.* Madrid: Instituto Nacional de Administración Pública.

Instituto Nacional de Evaluación Educativa (2023). *PIAACC (Programme for the International Assessment of Adult Competencies).* Obtenido de https://www.educacionyfp.gob.es/inee/evaluaciones-internacionales/piaac.html

ISO. (2023). *ISO 24495-1:2023(en).* Obtenido de Plain language — Part 1: Governing principles and guidelines: https://www.iso.org/obp/ui/en/#iso:std:iso:24495:-1:ed-1:v1:en

Lalanda, M. (2019). El cómic como herramienta en el mundo sanitario. *Clínica, 27*, 56-64.

Lebenshilfe. (2023). *Was ist Leichte Sprache?* Obtenido de https://leichte-sprache.de/leichte-sprache/was-ist-leichte-sprache/

Léelo Fácil. (2014). *¿Qué es esta página web?* Obtenido de http://www.leelofacil.org/es/leelofacil

Maas, U. (2008). *Sprache und Sprachen in der Migrationsgesellschaft: die schriftkulturelle Dimension.* Göttingen/Osnabrück: V&R Unipress / Univ. Verl.

Martorana, M. (2019). *Análisis contrastivo de formularios de solicitud para trámites de extranjería de varios países europeos.* Las Palmas de Gran Canaria (TFM): Facultad de Traducción e Interpretación.

Mayor Serrano, M. B. (2002). *Tipología textual pragmática y didáctica de la traducción en el ámbito biomédico.* Granada: Universidad de Granada (Tesis Doctoral). Obtenido de https://digibug.ugr.es/bitstream/handle/10481/4416/TESIS.pdf?sequence=1&isAllowed=y

Ministère des solidarités, de l'autonomie et des personnes handicapées. (2022). *La CNSA.* Obtenido de Caisse nationale de solidarité pour l'autonomie: https://handicap.gouv.fr/la-cnsa

Ministerio de Educación y Ciencia. (2012). *Proyecto RAID.* Obtenido de ¿Qué es Plena inclusión?: http://www.proyectoraid.org/que-es-plena-inclusion/

Ministerio Fiscal. (2022). *La Unidad Coordinadora para la Atención a las Personas con Discapacidad y Mayores colabora en la elaboración de unas guías en formato de "lectura fácil".* Obtenido de https://www.fiscal.es/web/fiscal/-/la-unidad-coordinadora-para-la-atenci%C3%B3n-a-las-personas-con-discapacidad-y-mayores-colabora-en-la-elaboraci%C3%B3n-de-unas-gu%C3%ADas-en-formato-de-lectura-f%C3%A1cil-

Molina, S. & Vived, E. (2012). *Lectura fácil y comprensión lectora en personas con discapacidad intelectual.* Zaragoza: Prensas de la Universidad de Zaragoza.

Moreno Fernández, F. (1999). Lenguas de especialidad y variación lingüística. En S. e. Barrueco, *Lenguas para fines específicos (VI). Investigación y enseñanza* (págs. 3-14). Alcalá de Henares: Universidad de Alcalá.

Morenz, L. D. (2014). *Medienevolution und die Gewinnung neuer Denkräume. Das frühneolithische Zeichensystem (10./9. Jt. v. Chr.) und seine Folgen.* Berlín: EB-Verlag.

Muñoz Machado, S. (2017). *Libro de estilo de la Justicia (LEJ).* Barcelona: Real Academia Española. Espas. Consejo General del Poder Judicial.

Navarro, F. & Hernández, F. (1992). Palabras de traducción engañosa en el inglés médico. *Medicina Clínica, 99*, 575-580.

Navarro, F. & Hernández, F. (1994). Nuevo listado de palabras de traducción engañosa en el inglés médico. *Medicina Clínica*, 142-149.

Navarro, F. (1995). Tercer listado de palabras de traducción engañosa en el inglés médico. *Medicina Clínica, 105*, 504-514.

Navarro, F. (1996). Palabras francesas de traducción engañosa en medicina. *Medicina Clínica, 106*, 417-426.

Navarro, F. (1996a). Palabras alemanas de traducción engañosa en medicina. *Medicina Clínica, 106*, 537-544.

Navarro, F. *et al.* (1994). Uso y abuso de la voz pasiva en el lenguaje médico escrito. *Medicina clínica, 103*, 461-464. Obtenido de https://www.esteve.org/wp-content/uploads/2018/01/137012.pdf

Netzwerk Leichte Sprache. (2022). *Die Geschichte der Leichten Sprache*. Obtenido de https://www.leichte-sprache.org/der-verein/die-geschichte/

Netzwerk Leichte Sprache. (2022a). *Die Regeln für Leichte Sprache*. Obtenido de https://www.leichte-sprache.org/leichte-sprache/die-regeln/

Nickel, S. (2002). *Funktionaler Analphabetismus – Ursachen und Lösungsansätze hier und anderswo*. Obtenido de Was ist einfach zu lesen? Kriterien leicht lesbarer Lektüre: https://elib.suub.uni-bremen.de/publications/ELibD890_Nickel-Analphabetismus.pdf

Nieto García, P. (2023). *Contextos de interpretación social en España*. Berna: Peter Lang.

Niska, H. (2003). Cuando fracasan las palabras. Métodos y herramientas del trabajo terminológico para intérpretes en los servicios públicos. En C. Valero Garcés, *Traducción e Interpretación en los Servicios Públicos. Contextualización, actualidad y futuro* (págs. 91-126). Granada: Comares.

Nord, C. (1994). Traduciendo funciones. En A. Hurtado Albir, *Estudios sobre la traducción* (págs. 97-112). Castellón: Publicaciones de la Universitat Jaume I.

Ocampo González, A. (2020). *Biblioteca virtual Miguel de Cervantes*. Obtenido de Lectura para todos: El aporte de la fácil lectura como vía para la equiparación de oportunidades: https://www.cervantesvirtual.com/obra/lectura-para-todos-el-aporte-de-la-facil-lectura-como-via-para-la-equiparacion-de-oportunidades-988656/

OCDE. (2013). *Evaluación de competencias de adultos: primeros resultados.* Obtenido de www.oecd.org/skills/piaac/Country%20note%20-%20Spain%20(ESP).pdf

Ogden, C. K. (1930). *Basic English: A General Introduction with Rules and Grammar.* Londres: Kegan Paul.

Ogden, C. K. (1968). 'Towards a World English'. En I. A. Richards, *So Much Nearer. Essays Toward a World English* (págs. 240-270). Nueva York: Harcourt, Brace.

Oliva Marañón, C. (2011). Fundamentos lingüísticos del lenguaje periodístico y jurídico-administrativo. *Index. comunicación, 1*, 25-46.

ONCE. (2023). *Discapnet.* Obtenido de Lectura fácil: https://www.discapnet.es/vida-independiente/accesibilidad-de-comunicacion/lectura-facil#:~:text=Este%20tipo%20de%20textos%20en,personas%20con%20dificultar%20de%20lenguaje

ONU. (2006). *Convención sobre los derechos de las personas con discapacidad.* Obtenido de www.un.org/esa/socdev/enable/documents/tccconvs.pdf

Patiño Restrepo, J. F. (2010). El lenguaje médico. *Revista colombiana de cirugía, núm. 25*, 174-177.

PEC. (2023). *The Plain English Campaign.* Obtenido de http://www.plainenglish.co.uk/about-us.html

Pérez García, J. M. & López de la Cruz, L. (2015). La lectura fácil: una apuesta de valor para las organizaciones. *Revista Española de Discapacidad, 3 (1)*, 187-192.

PLAIN. (2023). *Plain Language Association International.* Obtenido de https://plainlanguagenetwork.org/plain-language/que-es-el-lenguaje-claro/

Plena Inclusión. (2018). *Validación de textos en lectura fácil. Aspectos prácticos y sociolaborales.* Obtenido de https://plenainclusionmadrid.org/wp-content/uploads/2018/10/AAFinal_Manual_validaci%C3%B3n_textos_lectura_facil.pdf

Plena Inclusión. (2019). *Cronología histórica de la lectura fácil.* Obtenido de https://www.plenainclusion.org/sites/default/files/cronologia_historica_de_la_lectura_facil.pdf

Plena Inclusión. (2021). *Información para todos*. Obtenido de Las reglas europeas para hacer información fácil de leer y comprender: www.plenainclusion.org/wp-content/uploads/2021/03/informacion_todos.pdf

Plena Inclusión. (2023). *¿Cómo debo usar el logo de la lectura fácil?* Obtenido de https://www.plenainclusion.org/discapacidad-intelectual/recurso/como-debo-usar-el-logo-de-la-lectura-facil

Prieto Velasco, J.A. & Montalt Resurrecció, V. (2018). Encouraging comprehensibility through multimodal patient information guides. *Linguistica Antverpiensia, New Series: Themes in Translation Studies, 17*, 196-214.

RAE-Noticias. (2022). *Lanzamiento de la Red Panhispánica de Lenguaje Claro*. Obtenido de https://www.rae.es/noticia/lanzamiento-de-la-red-panhispanica-de-lenguaje-claro

Raga Gimeno, F. (2005). *Comunicación y Cultura. Propuestas para el Análisis Transcultural de las Interacciones Comunicativas Cara a Cara*. Madrid / Frankfurt am Main: Iberoamericana / Vervuert.

Real Academia Española. (2019). *Español al día*. Obtenido de «Los ciudadanos y las ciudadanas», «los niños y las niñas»: https://www.rae.es/espanol-al-dia/los-ciudadanos-y-las-ciudadanas-los-ninos-y-las-ninas

Real Academia Española. (2023). *Diccionario panhispánico de dudas, avance de la 2ª edición*. Obtenido de https://www.rae.es/dpd/ayuda/tratamiento-de-los-extranjerismos

RED-LCA. (2018). *Red de Lenguaje Claro de la Argentina*. Obtenido de Convenio Firma Conjunto: https://web.archive.org/web/20190719161346/https://lenguajeclaroargentina.gob.ar/wp-content/uploads/2019/06/Convenio-Marco.pdf

RIUL. (2023). *Red Internacional de Universidades Lectoras*. Obtenido de 9.° Encuentro de Lectura Fácil. Lectura Fácil, 20 años acercándote a la lectura: https://universidadeslectoras.es/eventos/9%C2%BA-encuentro-de-lectura-facil/1393

Robinson, A. & Billen, J. (2013). *Bilder, Zeichen, Alphabete. Die Geschichte der Schrift*. Darmstadt: Wissenschaftliche Buchgesellschaft.

Salvador Mencerré, E. (2009). *Boletín del Real Patronato sobre Discapacidad*. Obtenido de www.lecturafacil.net/media/resources/2009Real_Patronato.pdf

Sancho Pascual, M. (2013). La integración sociolingüística de la inmigración hispana en España. *Lengua y migración, 5*, 91-110.

Schriver, K. (2017). Plain Language in the US Gains Momentum: 1940-2015. *IEEE. Transactions on Professional Communication, 60-4*, 343-383. Obtenido de http://ieeexplore.ieee.org/document/8115322/

Service public de l'autonomie. (2022). *La méthode Falc s'ouvre à la littérature.* Obtenido de https://www.monparcourshandicap.gouv.fr/actualite/la-methode-falc-souvre-la-litterature

Staiano, N. (2021). - *Cuadernos del INAP.* Buenos Aires: Instituto Nacional de la Administración Pública.

Strandvik, I. (2011). La modernización del lenguaje jurídico en Suecia: ¿enseñanzas aplicables a otras tradiciones? En M. E., *Hacia la modernización del discurso jurídico* (págs. 131-151). Barcelona: Universidad de Barcelona.

Tomasello, M. (2003). *Die kulturelle Entwicklung des menschlichen Denkens. Zur Evolution der Kognition.* Darmstadt: Wissenschaftliche Buchgesellschaft.

Unapei. (2009). *L'information pour tous.* Obtenido de Règles européennes pour une information facile à lire et à comprendre: http://www.santetresfacile.fr/files/regles_du_facile_a_lire_et_a_comprendre.pdf

Unapei. (2023). *Quis sommes nous.* Obtenido de https://www.unapei.org/actions/qui-sommes-nous/

UNE. (2018). *Normalización Española.* Obtenido de UNE 153101:2018 EX: https://www.une.org/encuentra-tu-norma/busca-tu-norma/norma?c=N0060036

UNED. (2023). *Accesibilidad cognitiva. Lectura fácil y otros recursos.* Obtenido de https://formacionpermanente.uned.es/tp_actividad/actividad/accesibilidad-cognitiva-lectura-facil-y-otros-recursos

United Response. (2021). *Easy read newspaper by people with learning disabilities and autism to roll out regular online updates.* Obtenido de https://www.unitedresponse.org.uk/news-item/easy-read-newspaper-by-people-with-learning-disabilities-and-autism-to-roll-out-regular-online-updates

Universidad Complutense de Madrid. (2023). *Temario Lectura Fácil.* Obtenido de https://www.ucm.es/temario-lectura-facil-1

Universidad de Cádiz. (2023). *Universidad de Cádiz.* Obtenido de Lectura Fácil: https://centrodeescritura.uca.es/lecturafacil/

Universidad de Cádiz. (2023a). *Universidad de Cádiz*. Obtenido de Cuentos “A Manos Llenas”: https://centrodeescritura.uca.es/cuentos-a-manos-llenas/

Universidad de Valladolid. (2023). *I Congreso Internacional Discapacidad, Lectura fácil y Traducción*. Obtenido de https://eventos.uva.es/agenda/show_event/95936/i-congreso-internacional-discapacidad-lectura-facil-y-traduccion.html

Universidad Pontificia de Comillas (2016). *Programas TECNODEMOS. Lectura fácil en la universidad*. Obtenido de https://repositori.lecturafacil.net/sites/default/files/Universidad%20de%20Comillas.pdf

Universidad Pontificia de Comillas (2021). *Programas DEMO*. Obtenido de Dossier informativo: www.comillas.edu/images/centros/Instituto-Familia/DOSSIER_DEMOS_21_22.pdf

Universidad Rey Juan Carlos. (2022). *Estudiantes de la URJC validan un texto de la fiscalia general del Estado en lectura fácil*. Obtenido de https://www.urjc.es/todas-las-noticias-de-actualidad/6946-estudiantes-de-la-urjc-validan-un-texto-de-la-fiscalia-general-del-estado-en-lectura-facil

UR. (2023). *UR Samtiden - Perspektiv på lättläst*. Obtenido de https://urplay.se/program/225684-ur-samtiden-perspektiv-pa-lattlast-fenomenet-lattlast-definitioner-och-historik

Valero Garcés, C. (2002). Traducir de y para los que llegan: una incipiente realidad. En C. Valero Garcés, *Traducción e Interpretación en los Servicios Públicos: nuevas necesidades para nuevas realidades* (págs. 63-72). Alcalá de Henares: Servicio de Publicaciones de la Universidad.

Valero Garcés, C. (2009). Inmigración y servicios de traducción en España. *Lengua y migración*, 57-72.

Vázquez, E. (2015). Traducción de textos jurídicos y administrativos. En M. A. Penas Ibáñez, *La traducción. Nuevos planteamientos teóricos-prácticos* (págs. 117-136). Madrid: Síntesis.

Vermeer, H. J. (1983). Ein Rahmen für eine Allgemeine Translationstheorie. En H. J. Vermeer, *Aufsätze zur Translationstheorie*. Heidelberg: Selbstverlag.

Zethsen, K. (2009). Intralingual translation: An attempt at description. *Meta, 54 (4)*, 795-812.

Índice de tablas

Índice de ilustraciones

www.ingramcontent.com/pod-product-compliance
Lightning Source LLC
Chambersburg PA
CBHW060750100426
42813CB00004B/761

9783631900321